全世界无产者，联合起来！

恩 格 斯

论住宅问题

中共中央马克思 恩格斯 著作编译局编译
列 宁 斯大林

人民出版社

编 辑 说 明

　　马克思、恩格斯和列宁的著作是马克思主义的理论原典,是学习、研究、宣传和普及马克思主义的基础文献。为了适应马克思主义中国化、时代化、大众化不断推进的形势,满足广大读者多层次的需求,我们总结了迄今为止的编译经验,考察了国内外出版的有关读物,吸收了理论界提出的宝贵建议,精选马克思、恩格斯和列宁的重要著述,编成《马列主义经典作家文库》。

　　文库辑录的文献分为三个系列:一是著作单行本,收录经典作家撰写的独立成书的重要著作;二是专题选编本,收录经典作家集中论述有关问题的短篇著作和论著节选;三是要论摘编本,辑录经典作家对有关专题的论述,按逻辑结构进行编排。

　　文库编辑工作遵循面向实践、贴近群众的原则,力求在时代特色、学术质量、编排设计方面体现新的水准。

　　本系列是《马列主义经典作家文库》的著作单行本,主要收录马克思、恩格斯和列宁的基本著作以及在各个历史时期的代表性著作,同时收入马克思、恩格斯和列宁在不同时期为这些著作撰写的序言、导言或跋。有些重点著作还增设附录,收入对理解和研究经典著作正文有重要参考价值的文献和史料。列入著作单行本系列的文献一般都是全文刊行,只有马克思恩格斯的《德意志意识形态》、马克思的经济学手稿以及列宁的《哲学笔记》等篇幅较大的著作采用节选形式。

著作单行本系列所收的文献均采用马克思、恩格斯和列宁著作最新版本的译文,以确保经典著作译文的统一性和准确性。自1995年起,由我局编译的《马克思恩格斯全集》第二版陆续问世,迄今已出版24卷;从2004年起,我们又先后编译并出版了《马克思恩格斯文集》和《马克思恩格斯选集》第三版。著作单行本系列收录的马克思恩格斯著作采用了上述最新版本的译文,对未收入上述版本的马克思恩格斯著作的译文,我们按照最新版本的编译标准进行了审核和修订;列宁著作则采用由我局编译的《列宁全集》第二版、第二版增订版和《列宁选集》第三版修订版译文。

著作单行本系列采用统一的编辑体例。每本书正文前面均刊有《编者引言》,简要地综述相关著作的时代背景、理论观点和历史地位,帮助读者理解原著、把握要义;同时概括地介绍相关著作写作和流传情况以及中文译本的编译出版情况,供读者参考。正文后面均附有注释和人名索引,以便于读者查考和检索。

著作单行本系列的技术规格沿用《马克思恩格斯全集》第二版和《列宁全集》第二版的相关规定。在马克思、恩格斯、列宁著作的目录和正文中,凡标有星花*的标题都是编者加的;引文中的尖括号〈 〉内的文字和标点符号是马克思、恩格斯、列宁加的;未注明"编者注"的脚注,是马克思、恩格斯、列宁的原注;人名索引的条目按汉语拼音字母顺序排列。在马克思恩格斯著作中,引文里加圈点处是马克思、恩格斯加着重号的地方,目录和正文中方括号[ ]内的文字是编者加的。在列宁著作中,凡注明"俄文版编者注"的脚注都是指《列宁全集》俄文第五版编者加的注,人名索引中的条头括号内用黑体字排印的是相关人物的真实姓名,未加黑体的则是笔名、别名、曾用名或绰号。此外,列宁著作标题下括号内的日期是编者加的;编者加的日期,公历和俄历并用时,俄历在前,公历在后。

中共中央 马克思 恩格斯 著作编译局
　　　　　 列　宁　斯大林

2014年6月

目　　录

插　　图

编　者　引　言

　　《论住宅问题》是恩格斯批判蒲鲁东主义和资产阶级改良主义、阐发科学社会主义理论的重要著作。

　　19世纪70年代，随着普鲁士取得普法战争的胜利、建立起统一的德意志帝国，德国大工业生产迅猛发展，经济社会结构急剧变化，社会分化不断加剧、社会矛盾日益加深，并在各个领域暴露出来。由于德国的城市工业人口猛增，城市无产阶级住宅严重缺乏、居住条件恶劣成为一个突出的社会问题，受到社会舆论的广泛关注。各种社会庸医乘机而出，鼓吹他们的"救世"方案。蒲鲁东主义者也抓住这一机会，大肆标榜"蒲鲁东的社会万应灵丹的奇效"（见本书第4页）。以德国小资产阶级政论家阿·米尔伯格为代表的蒲鲁东主义者和以奥地利经济学家埃·萨克斯为代表的资产阶级改良主义者发表文章和著作，宣称可以用改良主义的方式使工人得到自己住宅的所有权，以此消除资本主义社会的弊端，在无产阶级队伍中产生了消极的影响。在这种情况下，恩格斯撰写了《论住宅问题》，批判蒲鲁东主义和资产阶级改良主义的谬论，阐述科学社会主义的基本观点，为无产阶级的解放斗争指明方向。

《论住宅问题》是继《哲学的贫困》之后又一篇批判蒲鲁东主义的力作。恩格斯在《论住宅问题》第二版序言中指出："马克思的《哲学的贫困》一书，是在蒲鲁东提出他的实际的社会改革方案以前几年问世的；马克思当时只能发现蒲鲁东交换银行的萌芽，并加以批判。因此，在这方面，马克思的著作就由本书来补充，可惜补充得很不够。"（见本书第6—7页）

在《论住宅问题》中，恩格斯深刻剖析了蒲鲁东主义的反动特性："厌恶工业革命，时而公开时而隐蔽地表示希望把全部现代工业、蒸汽机、纺纱机以及其他一切坏东西统统抛弃，而返回到旧日的规规矩矩的手工劳动。哪怕这样做我们会丧失千分之九百九十九的生产力，整个人类注定会陷入极可怕的劳动奴隶状态，饥饿将成为一种常规，那也没什么了不起，只要我们能搞好交换，使每个人都能得到'十足的劳动所得'并且能实现'永恒公平'就行了！"（见本书第25页）蒲鲁东主义者正是依据上述理论提出了他们解决住宅问题的药方：工人应当购买自己的住宅并根据"永恒公平"的原则废除住宅租赁制。对此恩格斯一针见血地指出："在比较早的历史阶段上曾经是工人较好生活的基础的东西——农业与工业的结合，占有房屋、园圃和田地，住房有所保障——现在在大工业的统治下，不仅成了工人最沉重的枷锁，而且成了整个工人阶级最大的不幸，成了工资无比地低于正常水平的基础"。（见本书第11页）而蒲鲁东主义者的药方是"使这个社会退回到以单个人的旧的一成不变的手工劳动为常规的状态中去，而这种状态无非是已经灭亡和正在灭亡的小手工业生产的理想化的重建"（见本书第 28 页）。恩格斯强调，"要造成现代革命阶级无产阶级，绝对必须割断那根把昔日的劳动者束缚在土地上的脐带"（见本书第 22 页）。

恩格斯简要阐明了科学社会主义同蒲鲁东主义之间的本质区别："我们描述……经济状况，描述经济状况的现状和发展，并且严格地从经济学上来证明经济状况的这种发展同时就是社会革命各种因素的发展：一方面是被本身的生活状况必然引向社会革命的那个阶级即无产阶级的发展；另一方面是生产力的发展，生产力发展到越出资本主义社会范围就必然要把它炸毁，同时生产力又提供了为社会进步本身的利益而一举永远消灭阶级差别的手段。相反，蒲鲁东则要求现代社会不是依照本身经济发展的规律，而是依照公平的规范……来改造自己。"（见本书第 83—84 页）

恩格斯还批判了资产阶级改良主义者解决住宅短缺问题的方案。他指出，资产阶级改良主义者企图在不改变资本主义生产方式的情况下使工人拥有住房所有权，使"无财产者阶级上升到有财产者的水平"，其实这是妄想"在以占有一切原料、生产工具和生活资料的资本家这一方同除自己的劳动力外一无所有的无财产的雇佣工人这另一方之间的对立为基础的社会状态内部，使一切雇佣工人都能变成资本家而同时又继续当雇佣工人"（见本书第 40 页）。这种资产阶级社会主义的实质是"希望保全现代社会一切祸害的基础，同时又希望消除这些祸害"（见本书第 41 页）。恩格斯揭露了资产阶级改良主义观点的思想根源和阶级本质，指出资产阶级社会主义"不可能用现存条件来解释住房短缺现象。因此，它别无他法，只好用一些道德说教来把住房短缺归之于人的邪恶，也就是原罪"（见本书第 42 页）；"无产阶级是由资产阶级生产关系造成的，同时又是这些生产关系继续存在的条件，而掩饰这个阶级的存在是符合资产阶级的利益的"(见本书第41页)。

恩格斯依据唯物史观,阐明了马克思主义对解决住宅短缺这类社会问题的基本立场和观点,揭示了资本主义制度下住房短缺的根源是统治阶级的剥削和压迫,指出在资本主义社会,住房短缺"是一种必然的现象;这种现象连同它对健康等等的各种反作用,只有在产生这种现象的整个社会制度都已经发生根本变革的时候,才能消除"(见本书第42页);"当资本主义生产方式还存在的时候,企图单独解决住宅问题或其他任何同工人命运有关的社会问题都是愚蠢的。解决办法在于消灭资本主义生产方式,由工人阶级自己占有全部生活资料和劳动资料"(见本书第72页)。恩格斯还强调,至于社会革命将怎样解决这个问题,这不仅要以当时的情况为转移,而且也同一些意义深远的问题有关,其中最重要的问题之一就是消灭城乡对立。

在批判蒲鲁东主义者、资产阶级改良主义者提出的种种"救世计划"的同时,恩格斯还就科学社会主义的一些基本原理作了深刻论述。他根据马克思的剩余价值理论揭露了资本主义对工人阶级的残酷剥削和掠夺,揭示了资产阶级的法律不过是资本主义社会经济关系的反映,资产阶级国家归根到底是"总资本家"、是"有产阶级即土地所有者和资本家用来反对被剥削阶级即农民和工人的有组织的总权力"(见本书第66页);阐明了无产阶级及其政党的斗争目标,强调"无产阶级必须采取政治行动,必须把实行无产阶级专政作为达到废除阶级并和阶级一起废除国家的过渡"(见本书第75页);论述了产生城乡对立的原因以及消除这种对立的必要性和途径,强调消灭城乡对立是工业生产和农业生产的实际要求,"人们只有在消除城乡对立后才能从他们以往历史所

铸造的枷锁中完全解放出来"（见本书第92页）。恩格斯从唯物
史观出发,批驳了蒲鲁东主义者把工业革命和科技进步说成是一
种"祸害"的谬论,指出工业和科技的发展使人的劳动生产力达到
了相当高的水平,为消灭阶级和满足社会全体成员的物质文化需
要创造了必要条件,指出"正是现代大工业把被束缚在土地上的
劳动者变成了一个完全没有财产、摆脱一切历来的枷锁而被置于
法律保护之外的无产者,正是在这个经济革命造成的条件下,才可
能推翻剥削劳动阶级的最后一种形式,即资本主义生产"（见本书
第22页）。他坚决反对为未来社会臆造空想方案,指出:"再没有
什么东西比这些预先虚构出来的面面俱到的'实际解决办法'更
不切实际的了,相反,实际的社会主义则是对资本主义生产方式各
个方面的一种正确的认识。"（见本书第100页）

　　这部论战性著作共分三篇。第一篇的标题是《蒲鲁东怎样解
决住宅问题》,写于1872年5月7—22日,是对《人民国家报》上
转载的几篇题为《住宅问题》的匿名文章的直接答复。这几篇匿
名文章原来发表在奥地利工人报纸《人民意志报》上,后来才知道
作者是蒲鲁东主义者、德国小资产阶级政论家、医学博士阿·米尔
伯格。1872年5月7日,恩格斯写信告诉威·李卜克内西:"只要
一有时间,我就立即给你写一篇关于住宅短缺现象的文章,来反驳
《人民国家报》上一系列文章中关于这个问题所陈述的蒲鲁东主
义者的荒谬的臆想。"（见《马克思恩格斯全集》中文第1版第33
卷第457页）1872年10月,恩格斯写完了第二篇文章《资产阶级
怎样解决住宅问题》,批判奥地利资产阶级经济学家萨克斯的小
册子《各劳动阶级的居住条件及其改良》中宣扬的资产阶级改良
主义者解决住宅问题的方法。1872年10月26日《人民国家报》

上发表了米尔伯格反驳恩格斯的文章,恩格斯于 1872 年 12 月写了第三篇文章《再论蒲鲁东和住宅问题》,深入批判米尔伯格的观点。

恩格斯的这三篇文章在 1872 年和 1873 年的《人民国家报》上发表后,由该报出版社于 1872 年 12 月—1873 年 3 月间在莱比锡分别出版了单行本。1887 年 3 月,《论住宅问题》在霍廷根—苏黎世出了第二版,恩格斯对这一版作了一些修改和补充,并写了一篇序言。

在我国,《论住宅问题》的部分译文最初发表在 1948 年 8 月大用图书公司出版的《新哲学手册》一书中,周晔翻译,周建人校订;1951 年 8 月,人民出版社出版了曹葆华和关其侗的译本,同年 11 月上海泥土社出版了贾植芳的译本。此外,1954 年莫斯科外国文书籍出版局出版了《马克思恩格斯文选》(两卷集),其中第 1 卷收录了《论住宅问题》。该文选由苏共中央马克思恩格斯列宁斯大林研究院集体编译,谢唯真校订。1958 年,人民出版社将该文选重印出版。

20 世纪 60 年代,中央编译局对《论住宅问题》的三篇文章和《1887 年第二版序言》重新译校,按照其成文时间分别编入《马克思恩格斯全集》中文第 1 版第 18 卷和第 21 卷。此后,1972 年出版的《马克思恩格斯选集》第 1 版第 2 卷、1995 年出版的《马克思恩格斯选集》第 2 版第 3 卷、2009 年出版的《马克思恩格斯文集》第 3 卷和 2012 年出版的《马克思恩格斯选集》第 3 版第 3 卷均收录了《论住宅问题》的第二版序言和三篇文章,并对译文和注释作了审订。本书的译文和资料选自《马克思恩格斯选集》第 3 版第 3 卷。

弗·恩格斯

论住宅问题

1887 年第二版序言

本书是我 1872 年为莱比锡《人民国家报》[1] 撰写的三篇文章的再版。恰好在那时，几十亿的法国法郎涌入了德国[2]；国债偿清了，要塞和兵营建筑起来了，储存的武器和军事装备更新了。可供支配的资本和流通中的货币量都突然大大增加，而这一切都恰好发生在德国不仅作为一个"统一的帝国"，并且还作为一个工业大国登上世界舞台的时候。这几十亿法郎有力地推动了年轻的大工业；尤其是这几十亿法郎在战后引起了一个短暂的富于幻想的繁荣时期，随后又在 1873 年至 1874 年引起了一次大崩溃[3]，这次崩溃证明德国是一个有能力参与世界市场的工业国家。

一个老的文明国家像这样从工场手工业和小生产向大工业过渡，并且这个过渡还由于情况极其顺利而加速的时期，多半也就是"住房短缺"的时期。一方面，大批农村工人突然被吸引到发展为工业中心的大城市里来；另一方面，这些老城市的布局已经不适合新的大工业的条件和与此相应的交通；街道在加宽，新的街道在开辟，铁路穿过市内。正当工人成群涌入城市的时候，工人住房却在大批拆除。于是就突然出现了工人以及以工人为主顾的小商人和小手工业者的住房短缺。在开初就作为工业中心而兴起的城市中，这种住房短缺几乎不存在。例如曼彻斯特、利兹、布拉德福德、

3

巴门—埃尔伯费尔德就是这样。相反,在伦敦、巴黎、柏林和维也纳这些地方,住房短缺曾经具有急性发作的形式,而且现在多半还像慢性病似地继续存在着。

正是标志着德国发生工业革命的这种急性发作的住房短缺,使当时的报刊上登满了讨论"住宅问题"的文章,各种社会庸医乘机而出。在《人民国家报》[1]上也出现了一系列这样的文章。一位匿名作者,后来自称是符腾堡的医学博士阿·米尔柏格先生,认为这是一个好机会,可以在这个问题上让德国工人领悟到蒲鲁东的社会万应灵丹的奇效。[4]当我向编辑部表示我对于刊载这些奇文感到惊异的时候,编辑部就请我对这些文章作一个答复,而我也就照办了(见第一篇《蒲鲁东怎样解决住宅问题》)。在发表这一组文章以后不久,我又发表了第二篇,这里我以埃米尔·萨克斯博士所著的一本书①为依据分析了这个问题上的资产阶级慈善家的观点(第二篇《资产阶级怎样解决住宅问题》)。米尔柏格博士先生过了很久以后对我的文章赐予了答复[5],迫使我不得不进行答辩(第三篇《再论蒲鲁东和住宅问题》)。这场论战以及我对这个问题的专门研究便到此结束。这就是出过单行本的这三篇文章的产生经过。现在需要出新版,这无疑要再一次归功于德意志帝国政府的盛情关怀,它的禁令像往常一样使销路大增,我在这里谨向它表示最衷心的谢意。

为了出新版,我校订了原著,作了个别的增补和注释,并在第一篇中改正了一个小小的经济学错误②,因为我的论敌米尔柏格

① 指埃·萨克斯《各劳动阶级的居住条件及其改良》1869年维也纳版。——编者注
② 见本书第34页。——编者注

博士可惜没有发觉它。

在这次审阅时,我深深感到国际工人运动在最近 14 年来已经有了多么巨大的进步。那时的事实还是:"20 年以来,除了蒲鲁东的著作以外,罗曼语地区的工人就没有过任何别的精神食粮"①,顶多再加上"无政府主义"之父巴枯宁对蒲鲁东主义所进行的进一步的片面化,在巴枯宁的眼中,蒲鲁东是"我们共同的导师"——notre maître à nous tous。虽然当时蒲鲁东主义者在法国只是工人中间的一个小小的宗派,但是只有他们才具有明确规定的纲领,才能够在公社时期担任经济方面的领导。在比利时,蒲鲁东主义曾在瓦隆工人中间占有无可争议的统治地位,而在西班牙和意大利两国工人运动中,所有的人,除了极少数例外,只要不是无政府主义者,就都是坚定的蒲鲁东主义者。现在呢?在法国,工人已经完全抛弃了蒲鲁东;他只是在激进资产者和小资产者中间还有一些信徒,这些人作为蒲鲁东主义者,也自称为"社会主义者",可是遭到了社会主义的工人的最激烈的反对。在比利时,佛来米人已经把瓦隆人从运动的领导地位上排除出去了,已经废黜了蒲鲁东主义而大大提高了运动的水平。在西班牙,像在意大利一样,70 年代的无政府主义洪峰已经退落下去,并把蒲鲁东主义的残余也带走了;如果说在意大利,新的党还处在纯洁化和形成的过程中,那么在西班牙,一直忠实于国际总委员会的新马德里联合会**6**这个小小的核心已经发展成一个强大的党,从共和派的报刊本身可以看出,它在消除资产阶级共和派对工人的影响方面,要比它那些吵吵嚷嚷的无政府主义前辈所做的有效得多。在罗曼语地区

———————
① 参看本书第 37 页。——编者注

的工人中间,蒲鲁东的著作已经被遗忘而由《资本论》、《共产主义宣言》①以及马克思学派的其他许多著作代替了;马克思的主要要求——由上升到政治上独占统治地位的无产阶级以社会的名义占有全部生产资料——现在也成了罗曼语各国一切革命工人阶级的要求。

但是,既然蒲鲁东主义甚至在罗曼语各国工人那里已经最终被排挤掉,既然它按照自己的本来的使命,现在只能供法国、西班牙、意大利和比利时等国资产阶级激进派用来表达其资产阶级的和小资产阶级的欲望,那么今天何必再来谈论它呢?又何必把这些文章重印出来,重新去批驳一个已经死去的对手呢?

第一,因为这些文章并不仅限于同蒲鲁东及其德国代表进行论战。由于马克思和我之间有分工,我的任务就是要在定期报刊上,因而特别是在同敌对见解的斗争中,发表我们的见解,以便让马克思有时间去写作他那部伟大的基本著作。因此,在大多数情况下,我都必须采用论战的形式,在反对其他种种观点的过程中,来叙述我们的观点。这次也是这样。本书第一篇和第三篇不仅包含对蒲鲁东关于这个问题所持见解的批判,而且包含对我们自己观点的叙述。

第二,蒲鲁东在欧洲工人运动史上曾经起过很大的作用,以致不能立即就被忘掉。虽然他在理论上已经被扫除,在实践中已经被排斥在一边,但是他仍然保持着他的历史意义。谁要去多少详细地研究现代社会主义,谁就应当去熟悉运动中的那些"已被克服的观点"。马克思的《哲学的贫困》②一书,是在蒲鲁东提出他

---

① 即《共产党宣言》。——编者注
② 见《马克思恩格斯选集》第3版第1卷。——编者注

的实际的社会改革方案以前几年问世的;马克思当时只能发现蒲鲁东交换银行[7]的萌芽,并加以批判。因此,在这方面,马克思的著作就由本书来补充,可惜补充得很不够。马克思自己一定会把这一切做得好得多,令人信服得多。

最后,资产阶级社会主义和小资产阶级社会主义直到现在在德国还有很多代表。确切地说,一方面是以讲坛社会主义者[8]和各种慈善家为代表,在他们那里,把工人变为自己住房的所有者的愿望仍然占有重要位置,因而我的这部著作仍然适于用来反驳他们。另一方面,在社会民主党内部,包括帝国国会党团在内,也有某种小资产阶级社会主义的代表。其表现形式是:虽然承认现代社会主义的基本观点和变一切生产资料为社会财产的要求是合理的,但是认为只有在遥远的、实际上是无限渺茫的未来才有可能实现这一切。因此,人们现在只须从事单纯的社会补缀工作,甚至可以视情况同情那些极反动的所谓"提高劳动阶级"的意图。这样一种倾向的存在,在德国这个市侩气甚浓的国家里,在工业发展强制地和大规模地铲除着这个历来根深蒂固的市侩气的时候,完全是不可避免的。不过这种倾向对于运动一点也不危险,因为我国工人在最近八年来反对反社会党人法[9],反对警察和法官的斗争中恰好出色地证明他们具有惊人健全的头脑。但是必须认识到,这样一种倾向是存在着的。如果这种倾向日后具有了较为稳定的形式和较为明确的轮廓——这是必然的,甚至是值得追求的——,那么它为了制定自己的纲领就不得不回到自己的前辈人物那里去;在这种情况下,蒲鲁东大概是少不了的。

大资产阶级和小资产阶级解决"住宅问题"的办法的核心就

是工人拥有自己住房的所有权。但是,近20年来德国的工业发展,对这一问题作了一个十分独特的解说。在其他任何一个国家里,都没有这样多的雇佣工人不仅是自己住房的所有者,而且是自己的园圃或田地的所有者;同时,另外还有许多工人以租佃者的身份事实上相当稳定地占有着房屋和园圃或田地。同园艺业或小耕作业相结合的农村家庭工业,就构成德国新兴大工业的广大基础。在西部,工人多半是自己家园的所有者,而在东部,多半是自己家园的租佃者。家庭工业同园艺业和耕作业,以及同稳定的住房的这种结合,不只是在手工织布业还同机械织机发生对抗的地方,例如在下莱茵、威斯特伐利亚、萨克森厄尔士山脉和西里西亚到处可以见到,而且在某种家庭工业作为农村手艺扎了根的地方,例如在图林根林山和伦山一带,也到处可以见到。在讨论烟草专营问题时已经查明,甚至雪茄烟制作业也已经作为农村家庭劳动而大量出现。不管在什么地方,只要小农中间出现了某种灾祸,例如几年前在艾费尔**10**那样,资产阶级报刊立刻就大声疾呼要引进一种适宜的家庭工业,以作为仅有的解救手段。事实上,德国小农中间日益加剧的贫困,以及德国工业的一般状况,都使农村家庭工业继续向前发展。这是德国特有的现象。我们在法国只是作为一种完全的例外才能见到类似的情况,例如在养蚕地区;在没有小农的英格兰,农村家庭工业是靠农业短工的妻子儿女的劳动来支撑的;只有在爱尔兰,我们才会见到家庭服装业,它们像在德国一样由真正的农民家庭经营。我们在这里自然不用去说俄国和其他还没有进入世界工业市场的国家了。

所以,在德国的广大区域内,目前工业的状况初看起来相当于采用机器以前普遍存在过的那种状况。但只是初看起来才是这样。先前那种同园艺业和耕作业相结合的农村家庭工业，至少在工业正在发展中的各邦里，曾经是保证劳动阶级物质状况可以过得去而且在有些地方还相当不错的基础，但同时也是劳动阶级思想上和政治上毫无作为的基础。手工产品及其生产费用决定了市场价格；并且在当时劳动生产率远较今日为低的条件下，市场的销售量通常比供应量增长得更快。上个世纪中叶在英国和部分地在法国，特别是在纺织工业中，情况就是这样。而当时刚从三十年战争[11]的劫难中，并且是在最不利的条件下重新努力赶上来的德国，情况当然就完全不同了；这里为世界市场而从事生产的唯一家庭工业，即亚麻织布业，承受着各种捐税和封建赋役的重压，它并没有使从事织布劳动的农民的生活水平高于其他农民的那种很低的水平。但是，当时农村工业工人终究还是有某种程度的生活保障。

随着机器的采用，这一切情形就改变了。这时价格已经由机器产品来决定，家庭工业工人的工资就随着这种价格而跌落下去。但工人不能不接受这种工资，否则就必须另找工作，而他要这样做就只有变为无产者，也就是说要抛弃自己的——不论是自己所有的或者租来的——小屋子、小园圃和小块田地。只是在极少有的情况下，他才愿意这样做。因此，旧日农村手工织工的园艺业和耕作业，就成了手工织机同机械织机的斗争到处都拖得如此长久的原因，这个斗争在德国至今还没有决出胜负来。在这个斗争中，特别是在英国，初次显示出：以前曾使工人过较好生活的那种状况，即工人自己占有生产资料的状况，现在对他们来说已经成为一种障碍和不幸了。在工业方面，机械织机打败了他们的手工织机；在

9

农业方面,大农业战胜了他们的小农业。然而,当许多人的联合劳动以及机器和科学的应用在这两个生产部门中都已经成为社会通例的时候,小屋子、小园圃、小块田地和他们的织机仍然把他们束缚在已经陈旧的个体生产和手工劳动的方式上。现在占有房屋和园圃已经远不及那种不受法律保护的流动生活有价值了。任何一个工厂工人都不愿再陷入缓慢地、然而肯定地要饿死的农村手工织工的地位。

德国在世界市场上出现得晚;我们的大工业产生于40年代,它通过1848年的革命获得了初步的发展,并且只是在1866年和1870年的革命至少为它扫除了最严重的政治障碍以后,才充分发展起来。然而,它发现,世界市场大部分已经被占据了。供应大路商品的是英国,供应精致奢侈品的是法国。德国既不能用价格来击败英国,又不能用质量来击败法国。因此,没有别的路可走,只好循着德国生产的常轨,暂且带着对英国人说来批量太小、对法国人说来质量太差的商品挤进世界市场。德国人惯用的先送好样品后交劣等货的骗人手法,自然很快就在世界市场上受到了严酷的惩罚,几乎完全失灵;另一方面,在生产过剩条件下进行竞争,甚至渐渐促使规矩的英国人走上了降低产品质量的歪路,从而帮助了在这方面无可匹敌的德国人。这样,我国就终于达到了这个地步:建立了大工业并在世界市场上占有一席之地。但是我国大工业几乎是专为国内市场生产(只有制铁工业是例外,它的生产大大超过了国内的需求),构成我国大宗出口的是大量的小商品,大工业至多只为小商品供应必需的半成品,而小商品本身则大部分由农村家庭工业来供应。

于是,现代工人由于自己占有房屋和田地而得到的"实惠",

就极好地表现出来了。任何地方——甚至爱尔兰的家庭工业也未必能除外——的工资都不像德国家庭工业的工资那样低得可怕。全家人从自己的小园圃和小块田地上辛苦得来的东西,由于竞争被资本家从劳动力价格中扣除了;工人不得不接受任何一种计件工资,因为不这样他们就什么也得不到,而单靠自己的农产品不能维持生活;另一方面,因为正是这种农业和土地占有把他们束缚于一个地点,阻碍他们另找职业。正是由于这种原因,德国才在世界市场上在销售一系列小商品方面具有竞争能力。**资本的全部利润取自正常工资的扣除部分,并且可以把全部剩余价值送给买主。**这就是大部分德国出口商品价格低廉得令人吃惊的秘密。

这种情况比其他任何情况都更能够把其余各个工业部门的德国工人的工资和生活水平也保持在西欧各国工人的水平之下。这种传统的、大大低于劳动力价值的劳动价格,像铅砣一样也把城市工人甚至大城市工人的工资压低到劳动力价值之下,况且在城市中劳动报酬很低的家庭工业也取代了旧日的手工业,这里的一般工资水平也已经压得很低,所以情况变得更糟。

这里我们清楚地看到:在比较早的历史阶段上曾经是工人较好生活的基础的东西——农业与工业的结合,占有房屋、园圃和田地,住房有所保障——现在在大工业的统治下,不仅成了工人最沉重的枷锁,而且成了整个工人阶级最大的不幸,成了工资无比地低于正常水平的基础,并且不仅个别工业部门和个别地区是这样,全国各地也是这样。无怪乎靠这样不正常地从工资中扣除的钱过活和发财的大资产阶级和小资产阶级,总是醉心于农村工业,醉心于占有住房的工人,认为推行新的家庭工业是救治农村中一切灾难的唯一单方!

　　这是问题的一个方面；可是它还有相反的一面。家庭工业已经成了德国出口贸易以及全部大工业的广大基础。因此，它扩散到德国广大地区，并且还在一天比一天发展。小农为自己消费而从事的家庭工业劳动被服装工业和机器工业的廉价产品所消灭，而他们的牲畜以及厩肥的堆集由于马尔克制度、共有的马尔克地产和强制的轮作制遭到破坏而无法维持，这时小农不可避免地要破产，这种破产就把备受高利贷者盘剥的小农强制地驱赶到现代家庭工业中来。正像爱尔兰地主的地租一样，德国的抵押高利贷者的利息也无法靠土地的收益来偿付，而只能靠从事工业的农民的工资来偿付。而随着家庭工业的发展，一个个农民地区就相继卷入了现代的工业运动。这种由家庭工业造成的农业地区的革命化，就使德国境内工业革命波及的地区要比英国和法国境内工业革命波及的地区广阔得多；我国工业发展的水平较低，这就使这个革命尤其有必要向广大地区发展。这就说明，为什么德国同英国和法国相反，革命的工人运动在全国大部分地区有了这样强劲的发展，而不只是局限于中心城市。同时这又说明，为什么这个运动的进展是平静的、稳健的和不可阻挡的。很清楚，在德国只有当多数小城市和大部分农村地区也成熟到实行变革的时候，首都和其他大城市中的胜利起义才有可能。在比较正常的发展条件下，我们决不可能像巴黎人在 1848 年和 1871 年那样去取得工人的胜利，然而正因为如此，我们的革命的首都也就不会像巴黎在上述两个场合那样败于反动的外省。在法国，运动一向都是发源于首都，而在德国则是发源于大工业、工场手工业和家庭工业地区；首都只是后来才被攻克。因此，将来首先发难的恐怕还得是法国人，但是最后解决战斗只能在德国。

然而,这种农村家庭工业和工场手工业虽然由于广泛发展而成为德国的有决定意义的生产部门,同时使德国农民阶级越来越革命化,可是它们本身又不过是进一步变革的准备阶段。正如马克思已经证明的那样(《资本论》第一卷第三版第 484—495 页①),在一定的发展阶段上,机器和工厂生产也会为它们敲响丧钟。敲响丧钟的时刻看来已经很近了。但是农村家庭工业和工场手工业被机器和工厂生产所消灭,在德国就意味着千百万农村生产者的生计被断绝,德国几乎一半小农被剥夺,不只是家庭工业转化为工厂生产,而且农民经济转化为资本主义的大农业,小地产转化为地主大地产——也就是意味着一场牺牲农民而有利于资本和大地产的工农业革命。如果德国注定连这个变革也要在旧的社会条件下完成,那么这样的变革毫无疑问会成为一个转折点。如果那时其他任何一国的工人阶级都还没有首先发难,那么德国一定会发起攻击,而组成“英勇军队”的农民子弟一定会英勇地助战。

这样,资产阶级的和小资产阶级的空想——给每个工人一幢归他所有的小屋子,从而以半封建的方式把他束缚在他的资本家那里——现在就完全变成另一个样子了。实现这种空想,就是把一切农村小房主变成工业的家庭工人,结束那些被卷入“社会旋涡”的小农的旧日的闭塞状态以及由此而来的政治上的无所作为状态,就是使工业革命推广到农业地区,从而把居民中最安定的、最保守的阶级变成革命的温床,而这一切的结果,就是从事家庭工业的农民被机器剥夺,被机器强制地推上起义的道路。

只要资产阶级社会主义的慈善家继续履行其资本家的社会职

---

① 见《马克思恩格斯文集》第 5 卷第 541—553 页。——编者注

能,想实现他们的理想却带来相反的效果,做出有利于社会革命的事情,那我们是乐于让他们自己去欣赏这个理想的。

弗里德里希·恩格斯

1887 年 1 月 10 日于伦敦

弗·恩格斯写于 1886 年 12 月底—1887 年 1 月 10 日

载于 1887 年 1 月 15、22 日《社会民主党人报》第 3、4 号

原文是德文

选自《马克思恩格斯选集》第 3 版第 3 卷第 179—190 页

1 April 73.

Laura Lafargue
Der Verfasser

Zur Wohnungsfrage.

Von

Friedrich Engels.

Separatabdruck aus dem „Volksstaat".

❦

Leipzig, 1872.

Verlag der Expedition des „Volksstaat".

《论住宅问题》的扉页，
上面写有"作者赠给劳拉·拉法格"

论住宅问题

第 一 篇
蒲鲁东怎样解决住宅问题

在《人民国家报》**1** 第 10 号和以下几号上，连载了六篇关于住宅问题的文章，这些文章之所以值得注意，只是因为它们是——除了某些早已无人问津的 40 年代的美文学的东西之外——把蒲鲁东学派移植到德国来的第一次尝试。对于恰好在 25 年前给了蒲鲁东观念以决定性打击①的德国社会主义的全部发展进程来说，这是大大倒退了一步，所以值得对这个尝试及时加以反驳。

目前报刊上十分引人注目的所谓住房短缺问题，并不是指一般工人阶级住房恶劣、拥挤、有害健康。**这种**住房短缺并不是现代特有的现象；这甚至也不是现代无产阶级所遭受的不同于以往一切被压迫阶级的、它所特有的许多痛苦中的一种；相反，这是一切

---

① 恩格斯在这里加了一个注："见马克思《哲学的贫困》1847 年布鲁塞尔—巴黎版。"——编者注

时代的一切被压迫阶级几乎同等地遭受过的一种痛苦。要消除**这种**住房短缺,只有**一个**方法:消灭统治阶级对劳动阶级的一切剥削和压迫。而今天所说的住房短缺,是指工人的恶劣住房条件因人口突然涌进大城市而特别恶化;房租大幅度提高,每所住房更加拥挤,有些人根本找不到栖身之处。**这种**住房短缺之所以引起议论纷纷,只是因为它不只涉及工人阶级,而且也涉及小资产阶级。

我们现代大城市中工人和一部分小资产者的住房短缺,只是现代资本主义生产方式所造成的无数**比较小的**、次要的祸害之一。它并不是资本家把工人**当做**工人来剥削的直接后果。这种剥削才是社会革命要通过消灭资本主义生产方式来加以消灭的根本祸害。资本主义生产方式的基石是这样一个事实:我们现今的社会制度使资本家有可能按照工人劳动力的价值来购买劳动力,迫使工人的劳动时间超过再生产支付给劳动力的价格所必需的时间,而从劳动力中榨取远远超过其价值的价值。这样生产出来的剩余价值在整个资本家阶级和土地所有者阶级以及它们所雇用的仆人(上至教皇和帝王,下至更夫等等)中间进行分配。至于这种分配怎样进行,在这里同我们毫不相干;但是有一点是无可怀疑的,凡是不劳动的人,只有靠这个剩余价值中通过某种方式落到他们手里的一份,才能够生活(参看马克思的《资本论》,那里第一次阐明了这一点①)。

由工人阶级生产出来并从他们那里无偿夺走的剩余价值在各个非劳动阶级中间的分配,是在很有醒世作用的争吵和相互欺诈

① 参看《马克思恩格斯选集》第 3 版第 2 卷中《资本论》第 1 卷节选。
——编者注

中完成的。因为这种分配是通过买卖来实现，所以它的主要杠杆之一便是卖主欺骗买主，而这种欺骗现在在零售商业中，特别是在大城市里，已经完全成为卖主的生存条件了。但是，小店主和面包店主在商品价格或质量方面欺骗工人，并不是因为工人有工人这样的特殊身份。相反，只要某种一般程度的欺骗在某一地方成为社会通例，长此下去就一定会通过工资的相应的提高而被抵消。工人对小店主来说是买主，也就是现金持有者或债务人，所以完全不是以工人即劳动力出卖者的身份出现的。这种欺骗对工人和一切贫苦阶级的伤害要比对富有社会阶级的伤害更厉害，但是这种欺骗并不是一种专门伤害工人的祸害，不是唯有工人阶级才会遭受的祸害。

　　住房短缺也是这样。现代大城市的扩展，使城内某些地区特别是市中心的地皮价值人为地、往往是大幅度地提高起来。原先建筑在这些地皮上的房屋，不但没有这样提高价值，反而降低了价值，因为这种房屋同改变了的环境已经不相称；它们被拆除，改建成别的房屋。市中心的工人住房首先就遇到这种情形，因为这些住房的房租，甚至在住户挤得极满的时候，也决不能超出或者最多也只能极缓慢地超出一定的最高额。这些住房被拆除，在原地兴建商店、货栈或公共建筑物。波拿巴政权曾通过欧斯曼在巴黎利用这种趋势来大肆敲诈勒索，大发横财。但是欧斯曼的幽灵也曾漫步伦敦、曼彻斯特和利物浦，而且在柏林和维也纳似乎也感到亲切如家乡。结果工人从市中心被排挤到市郊；工人住房以及一般较小的住房都变得又少又贵，而且往往根本找不到，因为在这种情形下，建造昂贵住房为建筑业提供了更有利得多的投机场所，而建造工人住房只是一种例外。

所以,这种租房难的现象对工人的打击无疑要比对富裕阶级的打击厉害;但是这种情况正如小店主的欺骗一样,不是一种仅仅伤害工人阶级的祸害,并且就工人阶级而言,这种情况发展到一定程度和经过一定时间以后,必然同样会在经济上受到某种抵消。

工人阶级和其他阶级特别是和小资产阶级共同遭受的这种痛苦,是蒲鲁东也归属的那个小资产阶级社会主义尤其爱研究的问题。所以,我们德国的蒲鲁东主义者首先抓住我们已经说过的绝非只是工人问题的住宅问题,并且反过来又把住宅问题说成是一个十足的仅仅有关工人的问题,这决不是偶然的。

"**承租人**对**房主**的关系,完全和**雇佣工人**对**资本家**的关系一样。"

这完全不对。

在住宅问题上有互相对立的两方:承租人和出租人或房主。前者想从后者那里买得住房的暂时使用权;他有现金或可利用信贷,尽管他必须按高利贷价格,即以追加租金形式向这个房主本身取得这种信贷。这是一种单纯的商品买卖;这不是无产者和资产者之间,工人和资本家之间的交易。承租人——即使是一个工人——是作为一个**有钱的人**出现的;他应该事先卖出他特有的商品即劳动力,才能够拿着卖得的钱以住房用益权的买主身份出现,或者应该有能力担保这个劳动力一定卖得出去。在这里,不会出现把劳动力卖给资本家所引起的那种特殊后果。资本家让买到手的劳动力首先再生产出它自己的价值,其次生产出在资本家阶级中间进行分配以前暂时保留在这个资本家手里的剩余价值。可见,这里产生出一个盈余的价值,现有价值的总量增加了。租赁的情形则完全不同。出租人不论在承租人那里占了多少便宜,这始终只是已经**存在着的**先前**生产出来的**价值的转让,而承租人和出租人**共同**占有的价值总量仍旧不变。一个工人,无论资本家付给他的劳动的报酬低于、高于或等于它的价值,他的劳动产品总是被人诈骗去一部分;而承租人则只是在他不得不付出高于住房价值的房租时才有这种遭遇。因此,试图把承租人和出租人之间的关系与工人和资本家之间的关系等同起来,就是完全歪曲前一种关系。相反,我们要谈的是两个公民之间的十分平常的商品交易,而这种交易是按照各种调节一般商品买卖,特别是调节"地产"这一商品买卖的经济规律进行的。首先要计算的是整个房屋或房屋一部分的建造和维修费用;其次是依房屋位置好坏程度而定的地价;最后,起决定性作用的是当时的供求状况。这种简单的经济关系反映到我们的蒲鲁东主义者的头脑里就成了下面这个样子。

"房屋一旦建造起来,就成为获取一定部分的社会劳动的**永恒的权利根据**,尽管这房屋的实际价值早已以房租形式绰绰有余地偿付给房主了。结果就是:例如 50 年前建筑的一所房屋,在这段时期内,其原先的成本价格以房租收入的形式得到了两倍、三倍、五倍、十倍以至更多倍的补偿。"

这里蒲鲁东立即原形毕露了。第一,这里忘记的是,房租不仅应该支付房屋建筑费用的利息,而且还要补偿房屋修缮费用,坏账和欠租的平均额,以及由于住房偶尔闲置而受的损失;最后,房屋是非永久性的,年深月久就变得不能住人和丧失价值,建筑房屋时所投资本应当逐年分期得到偿还。第二,这里忘记的是,房租还应该支付房屋所占用的地皮带来的价值增加额的利息,就是说房租有一部分是由地租构成的。诚然,我们的蒲鲁东主义者会立刻解释说,这种价值的增加是未经土地所有者干预而形成的,所以按理不应归他所有,而应该归社会所有;但是他却没有觉察到,他这样说实际上就是要求废除地产。我们现在就来详谈这一点,会使我们离题太远。最后,他没有觉察到,在这场交易中涉及的不是向房屋所有者购买房屋,而只是购买一定期限内的房屋用益权。蒲鲁东既然从未考虑过造成某种经济现象的真正实际条件,当然也就弄不清楚,原先建筑房屋的成本价格怎么可能会在 50 年内以房租形式得到 10 倍的偿还。他不从经济方面去研究这个并不困难的问题,并弄清楚它是否真正同经济规律相抵触以及怎样相抵触,却大胆地从经济学领域跳到法学领域,以求得救。他说:"房屋一旦建造起来,就成为"每年获得一定款项的"**永恒的权利根据**"。至于这究竟是怎样发生的,房屋**究竟怎样成为**权利根据,蒲鲁东却默不作声。然而这正是他应当说明的。假如他研究过这一点,他就会发现,世界上一切权利根据,不论怎样永恒,也不能使一所房屋有能力在 50 年内以租金形式获得 10 倍于房屋成本价格的偿还;只有经济条件(这种经济条件可能在权利根据形式下获得社会的承认)才能够做到这一点。这样他就又回到他原来的出发点上去了。

蒲鲁东的全部学说,都是建立在从经济现实向法学空话的这种救命的跳跃上的。每当勇敢的蒲鲁东看不出经济联系时——这是他在一切重大问题上都要遇到的情况——他就逃到法的领域中去求助于**永恒公平**。

"蒲鲁东先从与商品生产相适应的法的关系中提取他的公平的理想,永恒公平的理想。顺便说一下,这就给一切庸人提供了一个使他们感到宽慰的论据,即商品生产形式像公平一样也是永恒的。然后,他反过来又想按照这种理想来改造现实的商品生产和与之相适应的现实的法。如果一个化学家不去研究物质变换的现实规律,并根据这些规律解决一定的问题,却要按照'自然性'和'亲和性'这些'永恒观念'来改造物质变换,那么对于这样的化学家人们该怎样想呢? 如果有人说,'高利贷'违背'永恒公平'、'永恒公道'、'永恒互助'以及其他种种'永恒真理',那么这个人对高利贷的了解比那些说高利贷违背'永恒恩典'、'永恒信仰'和'永恒神意'的教父[12]的了解又高明多少呢?"(马克思《资本论》第一卷第 45 页①)

我们的蒲鲁东主义者并不比他的老师高明些:

"租赁合同是现代社会生活中的千百种交易之一,其必要性就像动物躯体中的血液循环一样。如果这一切交易都能渗透着**法的观念**,即到处都按照严格的公平要求来进行,那当然是有利于社会的。总之,社会的经济生活,应该像蒲鲁东所说的那样提到**经济上的法**的高度。而实际上,大家都知道,情况恰好相反。"

马克思正是从这个有决定意义的方面极其扼要而中肯地描述了蒲鲁东主义,在这之后过了五年居然还有人能够用德文把这种混乱的东西发表出来,这怎么能让人相信呢? 这全部胡说意味着什么呢? 无非表明,调节着现代社会的经济规律的实际作用同作者的法理感大相径庭,而作者虔诚地希望这种情形能够得到纠正。——是啊,癞蛤蟆如果有了尾巴,就不再是癞蛤蟆了! 难道资本主义生产方式不是"渗透着法的观念",即它固有的要求剥削工人的法的观念吗? 如果作者对我们说,这并不是**他的**法的观念,我们是否就前进了一步呢?

我们还是回到住宅问题上来吧。我们的蒲鲁东主义者现在听

___

① 见《马克思恩格斯选集》第 3 版第 2 卷第 128 页。——编者注

任他的"法的观念"自由驰骋,并发表如下一套动人的议论供人欣赏:

> "我们毫不犹疑地断定,在大城市中,百分之九十以至更多的居民都没有可以称为私产的住所,这个事实对于我们这个备受赞扬的世纪的全部文明的嘲弄是再可怕不过的了。道德生活和家庭生活的真正接合点,即人们的家园,正在被社会旋涡卷走…… 我们在这一方面比野蛮人还低下得多。原始人有自己的洞穴,澳洲人有自己的土屋,印第安人有他们自己的家园——现代无产者实际上却悬在空中"等等。

在这曲耶利米哀歌中蒲鲁东主义露出了它的全部反动面貌。要造成现代革命阶级无产阶级,绝对必须割断那根把昔日的劳动者束缚在土地上的脐带。除了织机以外还有自己的小屋子、小园圃和小块田地的手工织工,哪怕贫困已极并且遭受种种政治压迫,仍然无声无息、安于现状、"非常虔诚和规规矩矩",他在富人、神父、官吏面前脱帽致敬,在内心深处完全是一个奴隶。正是现代大工业把被束缚在土地上的劳动者变成了一个完全没有财产、摆脱一切历来的枷锁而**被置于法律保护之外**的无产者,正是在这个经济革命造成的条件下,才可能推翻剥削劳动阶级的最后一种形式,即资本主义生产。可是现在来了这位痛哭流涕的蒲鲁东主义者,他哀叹工人被逐出自己的家园是一个大退步,而这正是工人获得精神解放的最首要的条件。

27 年以前,我(在《英国工人阶级状况》一书中)正好对 18 世纪英国所发生的劳动者被逐出自己家园的过程的主要特征进行过描写①。此外,当时土地所有者和工厂主所干出的无耻勾当,这种

---

① 见《马克思恩格斯选集》第 3 版第 1 卷第 87—103 页。——编者注

驱逐行动必然首先对当事的劳动者在物质上和精神上造成的危害,在那里也作了如实的描述。但是,我能想到要把这种可能是完全必然的历史发展过程看成一种退步,后退到"比野蛮人还低下"吗?绝对不能。1872年的英国无产者的发展程度比1772年的有自己的"家园"的农村织工不知要高出多少。有自己的洞穴的原始人,有自己的土屋的澳洲人,有自己的家园的印第安人,难道能够在什么时候举行六月起义¹³或建立巴黎公社吗?

　　自从资本主义生产被大规模采用时起,工人的物质状况总的来讲是更为恶化了,对于这一点只有资产者才表示怀疑。但是,难道我们因此就应当深切地眷恋(也是很贫乏的)埃及的肉锅¹⁴,眷恋那仅仅培养奴隶精神的农村小工业或者眷恋"野蛮人"吗?恰恰相反。只有现代大工业所造成的、摆脱了一切历来的枷锁、也摆脱了将其束缚在土地上的枷锁并且被一起赶进大城市的无产阶级,才能实现消灭一切阶级剥削和一切阶级统治的伟大社会变革。有自己家园的旧日农村手工织工永远不能做到这一点,他们永远不会产生这种想法,更说不上希望实现这种想法。

　　相反,在蒲鲁东看来,近百年来的全部工业革命、蒸汽力、用机器代替手工劳动并把劳动生产力增加千倍的大生产,却是一种极其可恶的事情,一种本来不应当发生的事情。小资产者蒲鲁东向往的世界是这样的:每个人制造各自的产品,可以立即用来消费,也可以拿到市场上去交换;如果那时每个人能以另一种产品补偿自己劳动的十足价值,那么"永恒公平"就得到满足,而最好的世界就建立起来了。但是,这个蒲鲁东向往的最好的世界在萌芽状态就已经被不断前进的工业发展的脚步踏碎了。这种工业发展早已在大工业的一切部门中消灭了单独劳动,并且在较小的和最小的部门中日益消灭着这种劳动,而代之以依靠机器和已可利用的自然力来进行的社会劳动,它所生产的可以立即用来交换或消费的产品是许多人共同劳动的成果。这种产品必须经过许多人的手才能生产出来。正是由于这种工业革命,人的劳动生产力才达到了相当高的水平,以致在人类历史上破天荒第一次创造了这样的可能性:在所有的人实行明智分工的条件下,不仅生产的东西可以满足全体社会成员丰裕的消费和造成充足的储备,而且使每个人都有充分的闲暇时间去获得历史上遗留下来的文化——科学、艺术、社交方式等等——中一切真正有价值的东西;并且不仅是去获得,而且还要把这一切从统治阶级的独占品变成全社会的共同财富并加以进一步发展。关键就在这里。人的劳动生产力既然已发展到这样高的水平,统治阶级存在的任何借口便都被打破了。为阶级差别辩护的最终理由总是说:一定要有一个阶级无须为生产每天的生活必需品操劳,以便有时间为社会从事脑力劳动。这种废话在此以前曾有其充分的历史合理性,而现在被近百年来的工业革命一下子永远根除了。统治阶级的存在,日益成为工业生产力发展的障碍,同样也日益成为科学和艺术发展,特别是文明社交方式发展的障碍。从来也没有比我们现代的资产者更无知的人了。

但是,这一切同朋友蒲鲁东毫不相干。他只要"永恒公平",旁的什么都不要。每个人应当用自己的产品换得自己的十足的劳动所得、自己的劳动的十足价值。但是,在现代工业产品上进行这样的计算,却不是一件容易的事情。单个人在总产品中所占的份额,在先前单独手工劳动的条件下自然而然表现在生产出的产品中,而现代工业则正好把这个份额掩蔽起来了。其次,现代工业日益消灭着作为蒲鲁东全部体系基础的单独交换,即互相换取产品来供自己消费的两个生产者间的直接交换。因此,整个蒲鲁东主义都渗透着一种反动的特性:厌恶工业革命,时而公开时而隐蔽地表示希望把全部现代工业、蒸汽机、纺纱机以及其他一切坏东西统统抛弃,而返回到旧日的规规矩矩的手工劳动。哪怕这样做我们会丧失千分之九百九十九的生产力,整个人类注定会陷入极可怕的劳动奴隶状态,饥饿将成为一种常规,那也没什么了不起,只要我们能搞好交换,使每个人都能得到"十足的劳动所得"并且能实现"永恒公平"就行了!Fiat justitia,pereat mundus!

但有公平常在,哪怕世界毁灭!

如果蒲鲁东的这种反革命的东西确实能付诸实现,世界是要毁灭的。

然而,不言而喻,就是在受现代大工业制约的社会生产的条件下,每个人也是有可能保证获得"自己的十足的劳动所得"的,只要这句话还有某种意义的话。但是,这句话只有作更广义的理解才有意义,即必须理解成这样:不是每一单个工人成为这种"自己的十足的劳动所得"的所有者,而是纯粹由工人组成的整个社会成为他们劳动的总产品的所有者,由这个社会把总产品的一部分分配给自己的成员去消费,一部分用以补偿和增加自己的生产资料,一部分储存起来作为生产和消费的后备基金。

———

看了上面所说的一切之后,我们就可以预先知道我们的蒲鲁东主义者将如何解决重大的住宅问题了。一方面,我们听到这样的要求:每个工人都有自己的、归他所有的住房,好使我们不再**比野蛮人还低下**。另一方面,我们又听到这样的说法:实际上发生的房屋原先的成本价格以房租形式得到两倍、三倍、五倍或十倍偿还的情况，是以某种**权利根据**为依据的，而这种权利根据是与"**永恒公平**"相抵触的。解决问题的办法很简单：我们废除权利根据，根据永恒公平宣布交付的房租是对住房本身价格的一种分期偿付。如果我们设定的前提本身就已经包含了要得出的结论，那么当然只要有江湖骗子的技巧就可以从口袋中现成地掏出预先准备好了的结论，并且夸耀说引出这个结论的逻辑是不可动摇的。

这里的情形也是这样。废除住房租赁制被宣布为一种必然性，具体地说，就是要求把每个承租人变成自己住房的所有者。我们怎样做到这一点呢？简单得很：

> "赎买出租住房……把房屋的价值不短分厘地偿付给原来的房主。过去，交付的房租是承租人奉献给资本的永恒权利的贡赋，而现在，从宣布赎买出租住房之日起，承租人所付出的那笔精确规定的金额，就成为对转归他所有的住房价值的逐年的分期偿付……社会……就这样变成由独立的、自由的住房所有者所组成的总体。"

在这位蒲鲁东主义者看来，房主不劳动而能从自己投在房屋上面的资本中取得地租和利息，是一种违背永恒公平的罪行。他发出一道命令：这种情况必须禁止，投在房屋上面的资本不应当再获取利息，而就这部分资本又体现为所购买的地产这一点来说，也不应当获取地租。但是，我们已经看到，资本主义生产方式，即现代社会的基础，并不因此而受到触动。工人受剥削的关键是：劳动力出卖给资本家，而资本家利用这种交易，迫使工人生产出比购买劳动力所支付的价值多得多的价值。资本家与工人间的这种交易创造出随后以地租、商业利润、资本利息、捐税等等形式在各类亚种资本家及其仆人之间进行分配的全部剩余价值。现在我们的蒲鲁东主义者出来宣称,即使禁止**仅仅一类亚种**资本家,而且就是那些不直接购买劳动力来生产剩余价值的资本家中的一种资本家去获取利润或利息,那也是前进一步了!可是,即使房主明天就被剥夺了收取地租和利息的可能,从工人阶级身上剥削来的无酬劳动的总额也丝毫不会变动;然而这并不妨碍我们的蒲鲁东主义者宣称:

> "所以,废除住房租赁制是革命思想母腹中产生的**最富有成果的和最崇高的追求**之一;它应当成为社会民主派方面的**头等要求**。"

这同老师蒲鲁东本人在集市上的叫卖声一模一样,在他那里母鸡咕哒咕哒的叫声也总是同生下的蛋的大小成反比。

但是,请想象一下,每个工人、小资产者和资产者,都要通过逐年分期付款先成为自己住房的部分所有者,然后又成为住房的完全所有者,这是多么美妙的情景啊!在英国工业区,那里的工业规模大,而工人的房屋小,而且每个有家眷的工人都单独居住一所小屋子,所以在这里上述设想也许还有某种意义。但是在巴黎和大陆的多数大城市里,工业规模小但房屋大,里面合住着 10 家、20 家、30 家。在宣布赎买一切出租住房的救世法令颁布的那一天,有一个名叫彼得的工人在柏林一家机器制造厂做工。经过一年以后,按照我们的设想,他成了汉堡门附近他所住的 6 层楼上的一个小房间的 $\frac{1}{15}$ 的所有者。他失业了,不久就搬到汉诺威的波特霍夫,住在庭院景色秀丽的 4 层楼上一个相似的房间里,在这里住了 5 个月,刚刚获得了所有权的 $\frac{1}{36}$,突然一次罢工再把他抛到慕尼黑,迫使他在那里逗留了 11 个月,承接了上昂格尔加斯街后面一个相当阴暗的底层房间不多不少 $\frac{11}{180}$ 的所有权。以后又多次迁移,这是现在的工人时常遇到的情况,于是他又承接了圣加仑一处同样能说得过去的住房的 $\frac{7}{360}$ 的所有权,另外一处在利兹的住房的 $\frac{23}{180}$ 的所有权,以及第三处在瑟兰的住房的 $\frac{347}{56\,223}$ 的所有权——计算得这样精确,是为了不让"永恒公平"有所抱怨。我们的彼得从各个住房的这全部占有份额中能够得到什么呢?谁会给予他这些份额以恰如其分的价值呢?他到哪里去寻找他先前住过的那许多住房的其余份额的那个或者那些所有者呢?一座多层的大楼,比方说,有 20 套住房,在赎买期满和住房租赁制废除后也许要属于散居世界各处的 300 个部分所有者,那么这样一座大楼的所有权关系将怎么处置呢?我们的蒲鲁东主义者将会回答说,到那时候,将成立蒲鲁东的交换银行[7],这个银行将随时对每人的每一劳动产品支付十足的劳动所得,因此也会对住房的每一份额支付十足的价值。但是,蒲鲁东的交换银行在这里与我们毫不相干,因为第一,在论住宅问题的各篇论文中甚至从来没有提到过它;第二,它是以一种奇怪的谬论为依据的,即认为任何人想要出售一件商品,就一定能找到付出十足价值的买主;第三,在蒲鲁东发明它之前,它已经在英国以劳动交换市场[15]的名义破产过不止一次了。

工人应当**购买**自己的住房这种思想本身,又是建立在我们已指出的蒲鲁东的那个反动的基本观点之上的,这个观点认为现代大工业所创造的状态是一种病态的畸形物,必须用强制手段——即逆着社会 100 年来所顺从的潮流——使这个社会退回到以单个人的旧的一成不变的手工劳动为常规的状态中去,而这种状态无非是已经灭亡和正在灭亡的小手工业生产的理想化的重建。假如工人真的重新被抛回到这种一成不变的状态中去,假如"社会旋涡"真的侥幸被排除了,那么工人当然又能来享用"家园"所有权,于是上述的赎买论就不会显得那样乏味了。但是蒲鲁东忘记了，要实现这一点，他首先就必须把世界历史的时钟倒拨 100 年，从而把当代工人又变成像他们的高祖们那样眼界狭隘、唯唯诺诺、胆小怕事的奴隶。

至于蒲鲁东的这种解决住宅问题的办法中的合理的和可以实际实现的内容，现在已经付诸实行了，但这不是出自"革命思想母腹"，而是由大资产者本身倡导的。我们且听一听马德里一家出色的西班牙文报纸《解放报》**16**在 1872 年 3 月 16 日论及这个问题的一段话①：

"还有另一种由蒲鲁东提出的解决住宅问题的办法，它初看起来倒也光辉夺目，但仔细一考察就显得完全无力了。蒲鲁东建议把承租人变成分期付款的买主，把每年交付的房租算做分期偿付住房价值的赎款，而承租人经过一定时期后便成为这所住房的所有者。这种在蒲鲁东看来很革命的办法，现今已在世界各国被投机公司采用着，这些公司用提高租价的办法来让承租人偿付比房屋价值多一两倍的价值。多尔富斯先生和法国东北部其他大工厂主实行这套办法，不仅是为了榨取金钱，并且有政治上不可告人的目的。

统治阶级最明达的领袖总是力求增加小私有者的人数，以便为自己造就一支反对无产阶级的大军。上一世纪的资产阶级革命曾把贵族和教会的大地产打碎，使之成为小地产——现在西班牙共和派对于至今还存在着的大地产也想采取这种办法——，因而造成了一个小土地所有者阶级，这个阶级从那时起就成了社会中最反动的成分和城市无产阶级革命运动的固定障碍。拿破仑第三曾打算用发行小额国债券的办法在城市中也造成这样一个阶级，而多尔富斯先生及其同行把可以逐年分期偿付的小住房卖给自己的工人，就是力图磨灭工人的一切革命精神，并用这种地产把他们束缚在他们做工的工厂里。可见，蒲鲁东的计划不仅丝毫没有减轻工人阶级所受的苦痛，甚至反

---

① 保·拉法格《生活必需品。二、住宅》，载于 1872 年 3 月 16 日《解放报》第 40 号。——编者注

过来直接危害工人。"①

那么怎样解决住宅问题呢？在现代社会里,这个问题同其他一切社会问题的解决办法是完全一样的,这就是靠经济上供求的逐渐均衡来加以解决。这样解决了之后,问题又会不断产生,所以也就等于没有解决。社会革命将怎样解决这个问题呢？这不仅要以当时的情况为转移,而且也同一些意义深远的问题有关,其中最重要的问题之一就是消灭城乡对立。既然我们不必为构建未来社会臆造种种空想方案,探讨这个问题也就是完全多余的了。但有一点是肯定的,现在各大城市中有足够的住房,只要合理使用,就可以立即解决现实的"住房**短缺**"问题。当然,要实现这一点,就必须剥夺现在的房主,或者让没有房子住或现在住得很挤的工人搬进这些房主的房子中去住。只要无产阶级取得了政权,这种具有公共福利形式的措施就会像现代国家剥夺其他东西和征用民宅那样容易实现了。

━━━━━

但是,我们的蒲鲁东主义者并不满足于自己在住宅问题方面

━━━━━━━━━━

① 恩格斯在这里加了一个注:"关于在美国怎样自然而然地形成这种把工人束缚在大城市或新兴城市附近自己的'住房'上来解决住宅问题的办法,爱琳娜·马克思-艾威林 1886 年 11 月 28 日的印第安纳波利斯来信中有一段话可以说明:'在堪萨斯城内,或者确切些说,是在城郊,我们看见一些可怜的小木房,每幢木房大致有 3 个房间,小木房所处地段还很荒僻;地皮价值 600 美元,面积正好可以容纳一幢小房子;小房本身又值 600 美元,所以为了获得到处是烂泥的荒郊中离城里一个钟头路程的一所糟糕的小房子,总共要费去 4 800 马克。'这样,工人就必须负起沉重的抵押债务,才能得到这种住房,于是他们就真正变成了自己雇主的奴隶;他们被自己的房屋拴住了,不能离开,只好同意接受向他们提出的任何劳动条件。"——编者注

迄今所取得的成就。他一定要把这个问题从平地提升到高级的社会主义的领域,以表明这个问题在那里也是"社会问题"的极其重要的"一部分"。

"我们假定,资本的生产性真正被抓住双角而予以制服,而这是迟早总会发生的,例如通过一项过渡性法律就可加以制服。这项法律**把一切资本利率规定为一厘**,并且请注意,这里还有这样一种趋势,即这一厘利率还要逐渐接近于零,以至最后除了**资本周转所必需的劳动**以外,就再没有什么别的要偿付了。自然,房屋以及住房,也同其他一切产品一样,都要纳入这种法律的范围…… 房主自己将第一个求售房屋,否则他的房屋就会没有用处,投在房屋上面的资本也就根本得不到好处了。"

这段议论包含蒲鲁东的教义问答中的一个基本信条,并且提供了充斥其中的混乱观念的一个明显例证。

"资本的生产性"是蒲鲁东从资产阶级经济学家那里粗率地抄来的胡说。诚然,资产阶级经济学家开始时也说过,劳动是一切财富的泉源和一切商品价值的尺度;但是他们还应当说明,为什么资本家把资本预付到工业或手工业企业,结果不仅能收回他预付的资本,并且另外还取得利润。因此,他们必然陷入重重矛盾,便硬说资本本身有一定的生产性。蒲鲁东照搬这一套关于资本的生产性的说法,就再清楚不过地证明,他是多么深地陷入了资产阶级的思维方式之中。我们一开始就已经看到,所谓"资本的生产性",无非是说资本(在现代的社会关系下,没有这种关系资本就不成其为资本)具有把雇佣工人的无酬劳动攫为己有的性质。

然而,蒲鲁东和资产阶级经济学家不同,他不嘉许这种"资本的生产性",而是相反,发现它是破坏"永恒公平"的。它阻碍工人得到自己的十足的劳动所得。因此必须把它废除。怎样废除呢?

用强制性的法律把**利率**降低，直至最后降到零。那时，在我们的蒲鲁东主义者看来，资本就不再是具有生产性的资本了。

借贷的**货币**资本的利息，只是利润中的一部分；不论工业资本的利润或商业资本的利润，都只是资本家阶级以无酬劳动形式从工人阶级那里夺走的剩余价值中的一部分。调节利率的经济规律同调节剩余价值率的规律毫不相干，就像同一社会形式中各种规律彼此可以毫不相干一样。至于说到这种剩余价值在各个资本家间的分配，那么很明显，对于在本企业中使用大量其他资本家的预付资本的工业家或商人说来，在其他一切条件不变的情况下，利率下降多少，利润率便提高多少。因此，降低以至于最后废除利率决不会真正把所谓"资本的生产性"的"双角抓住而予以制服"，倒是只会把从工人阶级那里夺来的无酬剩余价值在各个资本家之间的分配调节成另一个样子，并且不是保证工人相对于工业资本家而获得利益，而是保证工业资本家相对于食利者而获得利益。

蒲鲁东从他的法学观点出发，不是用社会生产的条件，而是用这些条件借以获得普遍表现的国家法律来解释利率以及一切经济事实。从这种看不见国家法律和社会生产条件之间的任何联系的观点看来，这些国家法律必然是纯粹的随心所欲的命令，随时可以用直接相反的东西来替代。因此，在蒲鲁东看来，最容易不过的就是颁布法令——如果他拥有这种权力的话——把利率降低为一厘。可是，如果其他一切社会条件照旧不变，蒲鲁东的这个法令也就只是一纸空文。不管颁布怎样的法令，利率照旧将由现在支配它的经济规律来调节。能借到钱的人还会像以前那样视情况按两厘、三厘、四厘和更高的利率借钱，不同的地方只是食利者会非常谨慎，只把钱借给那些不会去打官司的人。况且，这种剥夺资本的

"生产性"的伟大计划渊源久远,它同旨在限制利率的**反高利贷的法律**一样古老,然而这些法律现在到处都已经废除,因为实际上它们经常遭到破坏或规避,而国家不得不承认自己对社会生产规律无能为力。而现在恢复这些无法执行的中世纪法律,据说就可以"把资本的生产性的双角抓住而予以制服"!读者可以看到,越是深入地考察蒲鲁东主义,就越能看出它的反动性。

　　一旦利率通过这种方法降低到零,从而废除了资本利息,那时"除了资本周转所必需的劳动以外,就再没有什么别的要偿付了"。这意思应当是说,废除利率就等于废除利润,以至于废除剩余价值。但是,如果一纸法令**真的**能够把利息废除掉,结果又会怎样呢?那时**食利者**阶级就没有必要把自己的资本当做贷款贷出,而他们也必定会自担风险把资本投入自己的工业企业或投入股份公司。资本家阶级从工人阶级那里夺走的剩余价值总额会依然如旧,只是它的分配发生了变化,但是变化不大。

　　事实上,我们的蒲鲁东主义者忽略了,在现今资产阶级社会里购买商品时,一般说来,也是除了"资本周转〈应当说:一定商品的生产〉所必需的劳动"以外,就再没有什么别的东西要偿付了。劳动是一切商品价值的尺度,在现代社会中——撇开市场的波动不谈——就整个平均情况来说,要商品被偿付得高于制造该商品所必需的劳动,是根本不可能的。不,不是的,亲爱的蒲鲁东主义者,难题完全不在这里,难题就在于"资本周转所必需的劳动"(姑且用您的糊涂说法来表达)根本**没有被十足偿付**!要知道这是怎么一回事,您可以去读马克思的著作(《资本论》第128—160页①)。

---

① 　见《马克思恩格斯文集》第 5 卷第 194—231 页。——编者注

但是这还不够。一旦废除了**资本**的息金,**租金**也就废除了。因为,"自然,房屋以及住房,也同其他一切产品一样,都要纳入这种法律的范围"。这正好像那位老少校吩咐人把自己手下的一个一年制志愿兵叫来并对他说:"喂!听说你是一个医学博士,那就请你常到我家走走;我家里有一个妻子和七个孩子,总是有人要出点什么毛病的。"

那位志愿兵说:"对不起,少校先生,我是哲学博士!"

少校:"这倒无所谓,反正博士就是博士。"

我们的蒲鲁东主义者也是这样:不论是租金或资本息金——这对他是无所谓的,反正金就是金,博士就是博士。

我们在上面已经看到:租价即所谓的租金由下述几个部分构成:(1)地租;(2)建筑资本的利息,包括承造人的利润在内;(3)修缮费和保险费;(4)随房屋逐渐破旧逐年以分期付款方式支付的建筑资本补偿费(折旧费),包括其利润在内。

现在就是瞎子也一定明白,"房主自己将第一个求售房屋,否则他的房屋就会没有用处,投在房屋上面的资本也就根本得不到好处了"。当然啦。如果废除了预付资本的利息,那就再也没有一个房主能收得自己房屋的一文租金了,这只是因为房租也可以叫做租**金**,而租金包含有真正的资本息金这个部分。博士就是博士。如果说反高利贷的法律在通常的资本利息方面仅仅因为有人规避就会失效,那么这个反高利贷的法律则从来没有触动房租价格的哪怕一丝一毫。只有蒲鲁东才能幻想:他的新的反高利贷的法律不仅能轻而易举地调节和逐渐废除简单的资本利息,而且还能轻而易举地调节和逐渐废除复杂的房租。[17]但是,那时究竟为什么还要用重金从房主那里购买这个"根本得不到好处"的房屋,为什么房主在这种情形下不再舍点钱把这个"根本得不到好处"的房屋变卖掉，以免再花修缮费呢，——这对于我们来说是一个秘密。

在高级的社会主义（老师蒲鲁东称之为超级社会主义）领域中作出这番令人鼓舞的成就以后，我们的蒲鲁东主义者就认为自己有资格飞得更高一些。

"现在只要再作出几个结论，就可以从各方面充分阐明我们探讨的极其重要的问题。"

这都是些什么样的结论呢？从前面的议论中是得不出这些结论的，正如从废除利率中得不出住房丧失价值的结论一样；去掉我们的作者的那些冠冕堂皇的辞藻，这些结论不过是说，要顺利开展赎买出租住房这项业务，最好要有：（1）有关的精确统计；（2）优良的卫生警察；（3）能胜任建筑新房屋的建筑工人协作社。当然，所有这一切都是极好极妙的，但是，尽管有这一切集市叫卖式的辞令，它们并不能"充分阐明"蒲鲁东漆黑一团的糊涂思想。

做出了这样的大事的人，也就有权来郑重地训诫德国工人说：

"这些问题以及类似的问题，在我们看来，完全值得社会民主派注意……但愿他们能像在这里努力弄清住宅问题那样，也来弄清其他如**信用**、**国债**、**私人债务**、**税收**等等同样重要的问题。"

这样，我们的蒲鲁东主义者就向我们许下了一系列关于"类似的问题"的文章，如果他论述这些问题，也像他论述当前这个"极其重要的问题"一样详细，那么《人民国家报》[1]就可以保证有足够一年用的稿件了。不过我们预先就能知道它们的内容——

全都是已经讲过的那一套:资本利息一旦废除,国债和私人债务的利息也会跟着消失,信用就会变成无息的了,等等。同一个咒语可以用于任何一个对象,并且在每一场合都可以按照无情的逻辑得出惊人的结论:资本利息一旦废除,借款就不必再付利息了。

不过,我们的蒲鲁东主义者用来吓唬我们的都是些美妙的问题。**信用**! 除了逐周借钱或向当铺借钱以外,工人还需要什么信用呢? 不管工人借钱是无偿的,还是有息的,甚至是当铺的高利贷,对工人说来难道有什么了不起的差别吗? 如果一般说来工人由此得到一点好处,因而劳动力的生产费用变得便宜些,那么劳动力的价格难道不是必然会下降吗? 但是,对资产者,尤其是对小资产者说来,信用却是一个重要的问题,而如果能够随时得到信用,并且还是无息信用,这对小资产者来说尤其是一件美事。**国债**! 工人阶级知道,国债不是它筹借的,当它夺得政权时,它将让那些筹借国债的人偿还。**私人债务**! ——请参看信用项。**税收**! 这对资产阶级有很大利害关系,而对无产阶级利害关系则很小。工人应交付的税金始终不断地包括进劳动力生产费用之中,因而要由资本家一并偿付。所有这里当做工人阶级极其重要的问题向我们提出的各点,实际上只是对资产者尤其对小资产者才有重大利害关系,我们则同蒲鲁东相反,认为工人阶级并不负有保护这些阶级的利益的使命。

至于真正同工人有关的重大问题,即资本家与雇佣工人的关系问题,资本家怎样靠自己的工人的劳动来发财的问题,我们的蒲鲁东主义者却只字不提。诚然,他的尊长和老师研究过这个问题,但根本没有搞清楚,就连他最后写的几篇著作实质上也并没有超出《贫困的哲学》①，而这本书的浅薄无知，早在 1847 年马克思就已经作了极其中肯的分析。

　　非常可悲的是，25 年以来，除了这位"第二帝国**18**的社会主义者"的著作以外，罗曼语地区的工人就几乎没有过任何别的社会主义精神食粮。如果蒲鲁东主义的理论现在又要在德国泛滥起来，那就加倍不幸了。但是对这点根本用不着担心。德国工人在理论方面已经比蒲鲁东主义先进了 50 年，**仅仅**拿住宅问题作为一个例子来说明就足够了，在这方面不必再花费力气。

---

① 皮·约·蒲鲁东《经济矛盾的体系，或贫困的哲学》1846 年巴黎版第 1—2 卷。——编者注

第 二 篇
资产阶级怎样解决住宅问题

一

在论**蒲鲁东主义者**怎样解决住宅问题的那一篇中,已经说明小资产阶级在这个问题上有多大的直接利害关系。但是,大资产阶级在这个问题上也有颇大的、虽然只是间接的利害关系。现代自然科学已经证明,挤满了工人的所谓"恶劣的街区",是不时光顾我们城市的一切流行病的发源地。霍乱、斑疹伤寒、伤寒、天花以及其他灾难性的疾病,总是通过工人区的被污染的空气和混有毒素的水来传播病原菌;这些疾病在那里几乎从未绝迹,条件适宜时就发展成为普遍蔓延的流行病,越出原来的发源地传播到资本家先生们居住的空气清新的合乎卫生的城区去。资本家政权对工人阶级中间发生流行病幸灾乐祸,为此却不能不受到惩罚;后果总会落到资本家自己头上来,而死神在他们中间也像在工人中间一样逞凶肆虐。

当这一点由科学查明以后,仁爱的资产者便宽宏大量地争先恐后地关怀起自己工人的健康来了。于是就建立协会,撰写著作,草拟方案,讨论和颁布法律,以求根绝一再发生的各种流行病。对工人居住条件进行调查,设法消除最不能容忍的缺陷。特别是在

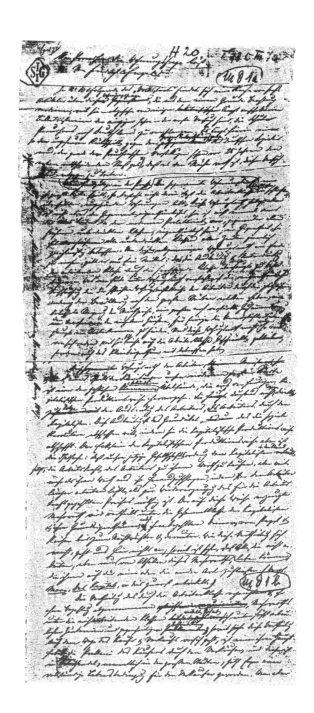

《论住宅问题》手稿第一页

英国,由于那里大城市最多,因而烈火已经烧到大资产者头上,已开展起大规模的活动;委任了调查劳动阶级卫生状况的政府委员会;它们的报告在精确、完备和公正方面胜过大陆上发表的一切资料,成了包含有或多或少严厉的干预措施的新法律所依据的基础。这些法律虽然也极不完善,然而还是远远胜过大陆至今在这方面所做的一切。虽然如此,资本主义的社会制度还是产生出必须加以治疗的弊病,并且必然不断反复地产生,以致这种治疗甚至在英国也很难说有什么进步。

在德国,照例需要长得多的时间,才能使这里也长期存在的流行病的病源发展到可以把昏睡的大资产阶级推醒过来的危急程度。不过,谁走得慢,谁就走得稳当些,终于在我们这里也出现了一些关于公共卫生和住宅问题的资产阶级文献,这些文献无非是从外国前辈,主要从英国前辈那里抄来的淡而无味的摘录,人们用响亮华丽的辞藻把它们打扮成高明见解来欺骗人。其中有一本书,就是埃米尔·萨克斯博士的《各劳动阶级的居住条件及其改良》(1869 年维也纳版)。

我之所以选出这本书来说明资产阶级对住宅问题的观点,只是因为它试图尽量包罗关于这个问题的一切资产阶级文献。我们的这位作者当做"资料"用的这些文献真是妙极了!英国议会报告书,即真正的重要资料中,只提到了最旧的三篇的名称;整本书证明作者**连其中一篇都从来没有看过**;可是他却给我们介绍了一系列专讲空话的资产阶级的、好心的市侩的、虚伪慈善主义的著述:杜克佩西奥、罗伯茨、霍尔、胡贝尔的著作,英国社会科学(倒不如说胡说)大会的发言稿,普鲁士保护劳动阶级福利协会的会刊,奥地利关于巴黎世界博览会的官方报告,波拿巴当局关于同一博览会的官方报告,《伦敦新闻画报》,《海陆漫游》,最后是一位"公认的权威",一个具有"敏锐而务实的头脑"和"令人悦服的口才"的人物——就是那位**尤利乌斯·孚赫**!在这个资料单中缺少的只是《凉亭》、《喧声》和射手库奇克。**19**

萨克斯先生为了使自己的观点不致引起误解,在第 22 页上声称:

> "我们所说的社会经济学,就是国民经济学在社会问题上的运用,确切些说,就是这门科学为我们提供的用以达到下述目标的各种手段和途径的总和,这个目标就是:**根据这门科学的'铁的'规律在现在占统治地位的社会制度框架内使所谓的⟨!⟩无财产者阶级上升到有财产者的水平。**"

我们且不去讨论这种认为"国民经济学"或政治经济学一般说来不是研究"社会"问题而是研究其他问题的糊涂观念。我们要立即来研究主要点。萨克斯博士要求让资产阶级经济学的"铁的规律",让"现在占统治地位的社会制度框架",换句话说,让资本主义生产方式一成不变地保留下去,而"所谓的无财产者阶级"的状况则应该上升到"有财产者的水平"。然而资本主义生产方式必不可少的先决条件不是所谓的无财产者阶级的存在,而是真正的无财产者阶级的存在。这个阶级除了自己的劳动力以外再没有别的东西可以出卖,因而不得不把自己的劳动力出卖给工业资本家。可见,萨克斯先生所发现的新科学即"社会经济学"的任务就在于:找出一些手段和途径,在以占有一切原料、生产工具和生活资料的资本家这一方同除自己的劳动力外一无所有的无财产的雇佣工人这另一方之间的对立为基础的社会状态内部,使一切雇佣工人都能变成资本家而同时又继续当雇佣工人。萨克斯先生以为他这样就把问题解决了。也许他会不吝赐教,给我们指出,法国军队中从老拿破仑时代起就有机会晋升元帅的每位士兵可以怎样变成元帅而同时又继续当普通士兵,或者给我们指出,怎样做到使德意志帝国的 4 000 万臣民都变成德国皇帝。

　　资产阶级社会主义的实质是希望保全现代社会一切祸害的基础,同时又希望消除这些祸害。正如《共产主义宣言》①中所说,资产阶级社会主义者想要"消除社会的弊病,以便保障资产阶级社会的生存";他们想要"**资产阶级,但是不要无产阶级**"②。我们已经看到,萨克斯先生恰好也是这样提出问题的。他认为解决了住宅问题便解决了上述问题;他所持的意见是:

　　"用改善各劳动阶级住房的办法就能有成效地减轻上述那些肉体上和精神上的痛苦,用这种办法——**仅仅**用广泛改善住房条件的办法——就能把这些阶级的绝大部分人从他们那种常常几乎是非人生活的泥沼中,提升到物质福利和精神福利的实实在在的高峰。"(第14页)

　　顺便说说,无产阶级是由资产阶级生产关系造成的,同时又是这些生产关系继续存在的条件,而掩饰这个阶级的存在是符合资产阶级的利益的。因此,萨克斯先生在第21页上向我们说明:劳动阶级应被理解为除工人本身以外,还包括一切"无财产的社会阶级","全体小百姓,即手工业者、寡妇、领恤金者〈!〉、下级官吏等等"。资产阶级社会主义向小资产阶级社会主义伸出了手!

　　住房短缺究竟是从哪里来的呢? 它是怎样发生的呢? 善良的资产者萨克斯先生可能不知道,它是资产阶级社会形式的必然产物;这样一种社会没有住房短缺就不可能存在,在这种社会中,广

---

①　即《共产党宣言》。——编者注
②　见《马克思恩格斯选集》第3版第1卷第429页。——编者注

大的劳动群众不得不专靠工资来过活,也就是靠为维持生命和延续后代所必需的那些生活资料来过活;在这种社会中,机器等等的不断改善经常使大量工人失业;在这种社会中,工业的剧烈的周期波动一方面决定着大量失业工人后备军的存在,另一方面又不时地造成大批工人失业并把他们抛上街头;在这种社会中,工人大批地涌进大城市,而且涌入的速度比在现有条件下为他们修造住房的速度更快;所以,在这种社会中,最污秽的猪圈也经常能找到租赁者;最后,在这种社会中,身为资本家的房主不仅有权,而且由于竞争,在某种程度上还有责任从自己的房产中无情地榨取最高额的租金。在这样的社会中,住房短缺并不是偶然的事情,它是一种必然的现象;这种现象连同它对健康等等的各种反作用,只有在产生这种现象的整个社会制度都已经发生根本变革的时候,才能消除。但是,资产阶级社会主义是不可能知道这点的。它不**可能**用现存条件来解释住房短缺现象。因此,它别无他法,只好用一些道德说教来把住房短缺归之于人的邪恶,也就是原罪。

> "所以在这里应当承认——因而也就不能否认〈多么大胆的结论!〉——,过错……一部分应归之于渴望得到住房的**工人本身**,另一部分并且是更大的部分应归之于负责满足这种需要的人,或者应归之于那些虽拥有必要资金而根本不肯负起这种责任的人们,即**各有产的上等社会阶级**。后者的过错……就在于他们不愿意设法充分供应良好的住房。"

蒲鲁东曾把我们从经济学领域带到法学领域,而我们这位资产阶级社会主义者在这里则把我们从经济学领域带到道德领域。这是很自然的。谁宣称资本主义生产方式即现代资产阶级社会的"铁的规律"不可侵犯,同时又想消除它的种种令人不快的但却是必然的后果,他就别无他法,只好向资本家作道德说教,而这种说教的动人作用一碰到私人利益，必要时一碰到竞争，就又会立刻烟消云散。这种说教同站在水池边的老母鸡向它孵出的在池中欢快地游来游去的小鸭所作的说教是一样的。虽然水里容易淹死，小鸭还是下了水；虽然利润不讲温情，资本家还是趋求利润。"在金钱问题上是没有温情可言的"①——老汉泽曼早就这样说过，在这一点上他比萨克斯先生见解深刻。

"良好的住房很贵，因此大部分工人都**完全没有可能**去享受它。大资本……对于建造供劳动阶级居住的住房望而却步……因而这些阶级由于需要住房而大部分落入投机活动的罗网。"

可恶的投机活动！大资本自然是决不会进行投机的！但是，阻止大资本在工人住房方面投机的不是什么恶意，而只是无知：

"房主根本**不知道**，正常满足住房需要……会产生多么重大的影响；**他们不知道**，当他们照例这样不负责地供给人们以恶劣的、有害的住房的时候，**他们会使人们受到怎样的损害**；最后，他们**不知道**，他们这样做对自己有什么害处。"（第27页）

但是，资本家的无知还要加上工人的无知，才能一起造成住房短缺。萨克斯先生承认，"最下层的"工人"为了不致露宿街头，总有必要〈!〉设法找到一个过夜的地方，而他们在这方面是完全没有自卫能力和孤立无援的"，接着他对我们说：

"有个事实大家毕竟都知道，这就是，他们〈工人〉中间有许多人由于轻率，而主要是由于无知，几乎可以说是被巧妙地夺走其机体自然发展和健全

---

① 引自大·汉泽曼《在1847年6月8日第一届联合议会第三十四次会议上的演说》，载于《第一届普鲁士国会》1847年柏林版第7部分第55页。——编者注

生存所必需的条件,他们**丝毫也不懂得**合理的保健,特别是不懂得住房在这方面有多么重大的意义。"(第 27 页)

但是在这里,资产者露出马脚来了。资本家的"过错"不声不响地变成了无知,而工人的无知则成了发生过错的根由。请听一听吧:

"所以,结果就是〈自然是由于无知〉只要能省一点房租,他们就搬进阴暗、潮湿、狭小的住房,简言之,搬进对种种卫生要求来说简直是一种嘲弄的住房……往往是几家人合租一处住房,甚至合租一个房间——这一切都是为了尽可能少花一点房钱,同时他们却又把自己的收入**真正作孽似地挥霍在酗酒和种种无聊娱乐**上面。"

工人"挥霍在烟酒上面"(第 28 页)的钱、"成天泡酒馆的生活及其种种悲惨后果,像铅砣一样一再把工人等级拖进泥坑"——这确实像铅砣一样压在萨克斯先生的胃里。至于在现今环境下,工人酗酒,像伤寒、犯罪、寄生虫、法警和其他社会病害一样,都是他们的生活状况的必然产物,它必然产生,甚至人们可以预先计算出酗酒者的通常的人数,这一点又是萨克斯先生不可能知道的。不过,我以前的一位启蒙老师早就说过:"平民进酒馆,上等人进俱乐部。"这两种地方我都去过,所以能够证实这话是对的。

关于双方"无知"的这一套废话,归结起来无非是主张劳资利益和谐的老调,如果资本家知道了自己的真正利益,他们就会为工人提供良好的住房,并改善工人的整个处境;如果工人认识到了自己的真正利益,他们就不会举行罢工,不会从事社会民主运动,不会参与政治,而会乖乖地听从自己的上司资本家。真可惜,双方都发现自己的利益完全不是萨克斯先生及其无数前辈在说教中所讲的东西。关于劳资和谐的福音到现在已经宣讲了 50 年了,资产阶级的慈善家为了通过设立模范设施来证明这种和谐已经花了不少钱,可是我们往下就会看到,实际情形在这 50 年内丝毫也没有改变。

我们的作者现在要来实际解决问题了。蒲鲁东要把工人变成自己住房**所有者**的计划是多么缺乏革命性,这仅仅从下面这个事实中就可看出:资产阶级社会主义早在蒲鲁东以前就已经尝试——并且现在还在尝试——从实际上实施这个计划。萨克斯先生也宣称,住房问题只有使住房所有权转归工人才能完全解决(第 58 页和第 59 页)。不仅如此,他一想到这里就如诗人一般陶醉,写出了如下激动的文字:

> "在人所固有的对于地产的眷恋中,在连现代**繁忙的营利生活**也不能使之削弱的本能中,潜藏有一种奇特的东西。这就是人下意识地感觉到地产这种家当意义重大。人一旦获得了地产,也就获得了可靠的地盘,仿佛在土里牢牢地扎下了根,因而每一家的经济〈!〉都在地产中获得最稳固的基础。然而,地产的赐福的力量还远远超出这些物质利益之外。谁有幸能把一块土地称为自己的东西,他就**达到了可能想象的最高度的经济独立地位**;他就有一个他可以**独立自主地**来支配的领域,他就成为**自己的主宰**,他就有了一定的实力,在困难的日子里就有了一个**可靠的根据地**;他的自我意识就生长起来,从而他的道德力量也随之生长起来。因此地产在这个问题上是有深远意义的……　这样一来,现在无可奈何地听任变动不定的市场行情摆布的、总是听从雇主的工人,就会在某种程度上摆脱这种尴尬的处境;**他会成为资本家**,并且可以通过他因此而能够利用的不动产抵押信贷来避免失业或丧失劳动能力造成的危险。**通过这种办法,他就会从无财产者阶级上升为有财产者阶级**。"(第 63 页)

萨克斯先生大概设想人本质上就是农民;否则他就不会硬说我们大城市中的工人眷恋地产,而以前谁也没有在大城市工人身上发现过这种对地产的眷恋。对于我们大城市工人说来,迁徙自由是首要的生活条件,而地产对于他们只能是一种枷锁。如果让他们有自己的房屋,把他们重新束缚在土地上,那就是破坏他们反抗工厂主压低工资的力量。个别的工人也许偶然能卖掉自己的小屋子,但是在发生重大罢工事件或者工业普遍危机的时候,受牵连的工人的所有房屋都会上市出卖,因而这些房屋或者根本找不到买主,或者卖得远远低于成本价格。如果他们全都找到了买主,那萨克斯先生的全部伟大的住房改革便又告吹,只好再从头做起。不过,诗人总是生活在想象世界里的;萨克斯先生也是这样,他想象土地所有者已经"达到了最高度的经济独立地位",已经有了"可靠的根据地","**他会成为资本家**,并且可以通过他因此而能够利用的不动产抵押信贷来避免失业或丧失劳动能力造成的危险"等等。但是,让萨克斯先生去仔细看一看法国和我们莱茵河流域的小农吧;他们的房屋和田地都由于抵押而变成最沉重的负担,他们的庄稼在收割以前就已经属于债主,在他们的"领域"内可以独立自主地起支配作用的不是他们自己,而是高利贷者、律师和法警。这对高利贷者来说的确是可能想象的最高度的经济独立地位!而为了使工人能够尽可能快地把自己的小屋子交给高利贷者来独立自主地支配,好心的萨克斯先生就周到地告诉工人可以利用**不动产抵押信贷**。他们在失业和丧失劳动能力时可以利用这种信贷,而不必去加重济贫事业的负担。

无论如何,萨克斯先生现在已经把开始时提出来的问题解决了:工人因获得自己的小屋子而"**成为资本家**"了。

资本就是对他人无酬劳动的支配。因此,只有当工人把自己的小屋子租给第三者,并以租金形式攫取第三者的一部分劳动产品时,他的小屋子才成为资本。由于工人自己居住在屋子里,所以这屋子恰好就不会变成资本,正如我从裁缝那里买来的衣服一穿上身就不再是资本一样。拥有价值 1 000 塔勒的小屋子的工人,的确不再是无产者了,然而只有萨克斯先生这样的人才会称他是资本家。

但是,我们这个工人身上的资本家特征还有其另一方面。我们假定,在某个工业地区里每个工人都有自己的小屋子,这已经成为通例。在这种场合,**这个地区的工人阶级便免费享用住房**;住房费就不再算入工人的劳动力价值以内。但是,劳动力生产费用的任何降低,即工人生活必需品价格的任何长期降低,"根据国民经济学的铁的规律",也就等于劳动力价值的降低,所以归根到底会引起工资的相应降低。因此,工资下降的平均数量就会相当于节省下来的房租的平均数量,也就是说,工人住自己的房屋还是付了租金,不过不是像以前那样以货币形式付给房东,而是以无酬劳动形式付给他为之做工的厂主。于是,工人投在小屋子上的储蓄确实在一定的程度上会成为资本,但这个资本不归他自己所有,而是归那个雇他做工的资本家所有。

可见,萨克斯先生甚至连在纸面上也没有能把自己的那个工人变成资本家。

附带说一句,上面所说的话对于终究会节约或降低工人生活资料费用的一切所谓社会改革都是适用的。如果这些改革能普遍推行起来,那时工资就会跟着相应地降低;如果它们始终只是个别的实验,那时它们作为个别例外而存在这个事实,就证明大规模实现这些改革是同现存的资本主义生产方式不相容的。我们假定,某个地方由于普遍建立消费合作社而使工人的食品价格降低了20%;那么这个地方的工资经过一些时候就会降低将近20%,也就是说,降低的比率同这些食品费用在工人生活费用中所占的比率相一致。比如说,假若工人在这些食品上平均花费自己一周工资的 $\frac{3}{4}$,那么工资最终会降低 $\frac{3}{4} \times 20 = 15\%$。简要地说,只要这类节约性改革普遍推行起来,工人通过这种节约能缩减多少生活开支,他所得的工资也就会降低多少。如果**每个**工人能节约出 52 塔勒的自主收入,那么他的每周工资最后一定会降低 1 塔勒。总之,他越节约,他所得到的工资就越少。因此,他节约不是对自己有利,而是对资本家有利。还有什么办法能"最有力地激发他发扬……首要的持家之道,即节俭精神"呢?(第 64 页)

不过,萨克斯先生接着又告诉我们,工人成为房主,与其说是为了他自己的利益,倒不如说是为了资本家的利益:

"要知道,不仅工人等级,而且整个社会都极其关心的是,期望看到尽可能多的成员依附于〈!〉土地〈我很想哪怕是有一次看到处于这种状态下的萨克斯先生〉……假如……工人自己通过这种办法转变成有财产者阶级,那么使我们脚下燃烧的叫做社会问题的火山喷出烈焰的一切潜伏力量,即无产阶级的怨恨、憎恶……危险的错误思想……都一定会像晨雾碰到朝阳那样消散。"(第 65 页)

换句话说,萨克斯先生希望工人随着占有房屋而发生的无产者地位的改变,也丧失自己的无产者的性质,重新像他们那些也有过自己房屋的祖先一样成为恭顺的胆小怕事的人。这可能是蒲鲁东主义者们念念不忘的事情。

萨克斯先生以为他这样就把社会问题解决了:

"**更加公平地分配财富**,这个曾经有许多人怎么也猜不出的斯芬克斯之谜,现在不是已经成为可以捉摸的事实而摆在我们面前了吗?它不是因此已经脱离理想领域而进入了现实领域吗?如果这成为事实,那不就是达到了甚

至连社会主义者中的最极端的派别也视为自己理论顶峰的最高目标之一吗?"(第66页)

真是幸运,我们总算攀登到了这个地方。这一声欢呼正是萨克斯先生这本书的"顶峰",此后就又慢慢地往山下走去,从"理想领域"降到平坦的现实;而当我们到达下面的时候,就会发现,在我们离开的那段时间里,这里是毫无变化的,的确是毫无变化。

我们的向导为了让我们往山下迈出第一步,教导我们说,工人住房制度有两种:一种是小宅子制,每个工人家庭都有自己的小屋子,而且可能还有一个小园圃,像在英国那样;另一种是营房制,每所大房屋中都住有许多户工人,像在巴黎、维也纳等等地方那样。介乎两者之间的是德国北部流行的制度。诚然,小宅子制是唯一恰当的和**唯一**能使工人得到自己房屋所有权的制度;营房制对健康、道德和家庭宁静来说确有很大的缺点,——但是可惜啊,可惜,正是在住房短缺的中心地点,在大城市里,小宅子制因为地价昂贵而不能实行,所以,如果那里不是修建大营房而能建造有四至六套住宅的房屋,或者运用各种建筑上的巧妙方法把营房制的最重大缺点消除,也就应该感到欣幸了(第71—92页)。

我们不是已经往下走了一大段了吗?把工人变成资本家,解决社会问题,使每个工人都有自己的房子,——所有这些都仍留在高高的"理想领域"里了;我们现在能做的事是在乡间实行小宅子制,而在城市中尽可能把工人营房修造得还能过得去。

可见,资产阶级解决住宅问题的办法显然遭到了失败,由于碰到**城乡对立**而遭到了失败。在这里我们接触到了问题的核心。住宅问题,只有当社会已经得到充分改造,从而可能着手消灭在现代资本主义社会里已达到极其尖锐程度的城乡对立时,才能获得解决。资本主义社会不能消灭这种对立,相反,它必然使这种对立日益尖锐化。对此,现代第一批空想社会主义者欧文和傅立叶已经有正确的认识。在他们的模范大楼中,城乡对立已经不存在了。可见,这里的情形恰好与萨克斯先生所断言的相反:并不是住宅问题的解决同时就会导致社会问题的解决,而只是由于社会问题的解决,即由于资本主义生产方式的废除,才同时使得解决住宅问题成为可能。想解决住宅问题又想把现代大城市保留下来,那是荒谬的。但是,现代大城市只有通过消灭资本主义生产方式才能消除,而只要消灭资本主义生产方式这件事一开始,那就不是给每个工人一所归他所有的小屋子的问题,而完全是另一回事了。

但是,每一次社会革命起初都不免要接过现有的东西,并且凭借现有的手段来消除最难容忍的祸害。我们已经看到:把属于有产阶级的豪华住宅的一部分加以剥夺,并把其余一部分征用来住人,就会立即弥补住房**短缺**。

萨克斯先生接下来又走出大城市,长篇大论地论述应当在大城市**附近**建立工人移民区,并且描写了这种工人移民区的一切妙处,这里有公共"自来水、煤气照明、蒸汽供暖或热水供暖、洗衣房、干燥室、浴室等等",还有"托儿所、学校、祈祷室〈!〉、阅览室、图书馆……葡萄酒和啤酒贮藏窖、豪华气派的跳舞厅和音乐厅",还有传送到每所房子里,因此能"在某种程度上使生产从工厂重新回到家庭作坊"的蒸汽力。然而这套议论丝毫也不会使情况有所改变。他所描写的移民区是胡贝尔先生直接从社会主义者欧文和傅立叶那里抄袭来的,并且由于把一切社会主义的东西一笔勾销而完全变成了资产阶级的东西,因此也就完全变成空想的了。任何一个资本家都没有兴趣建立这样的移民区,并且除了在法国的吉斯,世界上任何地方都没有这样的移民区;而且法国的那个移民区是由一个傅立叶主义者不是作为赢利的投机事业,而是作为社会主义的实验建立起来的。① 同样,萨克斯先生也可以援引40年代初由欧文在汉普郡建立的早就不存在了的共产主义移民区"和谐大厦"**21**,来支持自己的资产阶级杜撰方案。

然而,这一大套关于建立移民区的议论,不过是一瘸一拐地试着再度快速登上"理想领域",可是这一回也立刻掉了下来。我们于是又大步走下山来。现在最简单的解决办法就是:

> "雇主即厂主帮助工人得到适当的住房,或者是由雇主自己来建造住房,或者是供给地皮,借给建筑资金等等,鼓励和帮助工人自行建房。"(第106页)

这样一来,我们就又走出根本谈不上这一切的大城市而返回到乡村去了。萨克斯先生现在证明说:厂主帮助自己的工人得到勉强可用的住房是合乎自己的利益的,一方面因为这是有利的投资去向,另一方面也因为这必然会

"提高工人的生活……一定会使工人的肉体的和精神的劳动力跟着提高,这自然……同样……是对雇主有利的。而这样一来,也就确立了关于雇主参与解决住宅问题的正确观点:这种参与是**无形联合**的结果,是雇主多半在人道意旨的外衣下关怀他的工人的身体、经济、精神和道德状况的结果,这种关怀由于产生应有的结果,即由于吸引和保持能干、熟练、勤劳、知足和**忠实的**工人,自然在经济方面得到报偿"(第108页)。

胡贝尔企图用"无形联合"②的说法给资产阶级慈善家的呓语

---

① 恩格斯在这里加了一个注:"并且这个移民区最后也完全变成了剥削工人的地方。见1886年巴黎《社会主义者报》。**20**"——编者注
② 见维·艾·胡贝尔《社会问题。四、无形联合》1866年北豪森版。——编者注

加上一层"崇高的意义",但是这种说法丝毫也改变不了事实。农村大工厂主,尤其在英国,没有听说过这种说法也早就确信,修建工人住房不仅是一种必要的措施,不仅是工厂建筑蓝图本身的一部分,而且还带来丰厚的收入。在英国,许多村落就是这样产生的,其中有一些后来已经发展为城市。可是工人并不感谢仁爱的资本家,很早以前就对这种"小宅子制"提出了非常严重的抗议。问题不仅在于他们必须为房屋付出垄断价格,因为厂主没有竞争者;而且在每一次罢工的时候,他们立刻就无家可归,因为厂主马上就把他们抛到街头,使得任何反抗都极难进行。至于详细情形,可以参看我的《英国工人阶级状况》一书第224页和第228页①。但是,萨克斯先生认为这种论据"几乎不值一驳"(第111页)。难道他不是想使工人拥有自己小屋子的所有权吗?自然是想的。可是"雇主必须时时有可能随意支配住房,以便在解雇一个工人时能够为接替者提供住处",所以……应该"**事先约定**,遇有这种情况**可以取消所有权**"(第113页)。②

　　这次我们出乎意料很快就降了下来。起初是说工人有自己小

————————

① 见《马克思恩格斯全集》中文第1版第2卷第469—470、473—474页。——编者注

② 恩格斯在这里加了一个注:"在这一方面,英国资本家也不仅早已实现了而且还远远超过了萨克斯先生的全部宿愿。1872年10月14日星期一在莫珀斯,法庭为了审定议会选举人名册,必须就2 000名矿工申请把他们列入选民名册一事作出裁决。结果发现:依据这些人所在的矿场的规章,他们大多数**都不是被视为**他们所住的那些小屋子的**承租人**,而只是些**被准许**待在那里的人,不经任何事先通知就可以随时被抛向街头(矿主和房主当然是同一个人)。法官裁决说,这些人并不是承租人,不过是些**仆役**,因此他们无权被列入名册(1872年10月15日《每日新闻》)**22**。"——编者注

屋子的所有权;随后我们得知,这在城市中办不到,只有在乡下才行得通;现在又告诉我们,这种所有权即使在乡下也只是"事先约定可以**取消**"的东西! 由于萨克斯先生新发明了这种适用于工人的所有权,由于他把工人变成"事先约定可以取消"的资本家,我们就又平安地回到了平坦的大地,在这里我们可以研究资本家和其他慈善家在解决住宅问题方面**实际上**做了些什么。

二

如果我们相信了我们这位萨克斯博士的话,那么资本家先生们现在已经做了许多事情来消除住房短缺,并且这就证明住宅问题可能在资本主义生产方式基础上得到解决。

首先,萨克斯先生给我们举出例子——波拿巴主义的法国!大家知道,路易·波拿巴在巴黎世界博览会时期任命了一个委员会,表面上是为了草拟关于法国各劳动阶级状况的报告,实际上是为了替帝国增光而把这种状况描绘成真正的天堂。而萨克斯先生就来引证**这个**由波拿巴主义的腐败透顶的工具所组成的委员会的报告,特别是因为它的工作成果,"据专门为此任命的委员会**自己声称**,对法国是相当圆满的"! 这些成果是什么呢? 在提供信息的 89 个大工业企业或者股份公司中间,有 31 个**没有**修建工人住房;在已经修建起来的住房中,据萨克斯先生自己估计,顶多能容纳五六万人,而且这种住房几乎都是一户两室!

不言而喻,任何一个资本家,如果被自己的生产条件——水力和煤井、铁矿矿层及其他矿山等等的位置——束缚在某个乡村地区,而又没有现成的工人住房,都不得不为自己的工人修建住房。但是,要把这一点看做存在"无形联合"的证明,看做"对这件事及其重要影响有更多理解的明显证据",看做"大有前途的开端"(第115页),——那要有根深蒂固的自我欺骗的习性才行。另外,在这方面各国工业家也因各自的民族特性而彼此有所不同。例如,萨克斯先生在第117页上向我们说:

"**在英国只是最近**才看得出雇主正在这方面加紧行动。特别是在乡下遥远的村落里……工人从最近的居民点到工厂去也往往要走很长的路,走到工厂时已经十分疲乏,工作时效率不高,这种情况就是**促使**雇主为自己的劳动力**修建**住房的主要**原因**。同时,对这种状况有较**深刻的理解**,因而或多或少把住房**改革**同其他一切无形联合因素联系起来的人,也越来越多;而这些繁荣移民区的产生正应归功于他们…… 海德的阿什顿、特顿的阿什沃思、贝里的格兰特、博灵顿的格雷格、利兹的马歇尔、贝尔珀的斯特拉特、索尔泰尔的索尔特、科普利的阿克罗伊德等等,都因此而在联合王国享有盛名。"

天真得令人起敬,无知得更加令人起敬!英国乡村中的工厂主只是"最近"才在修建工人住房!亲爱的萨克斯先生,不对!英国资本家不仅就钱袋来说,而且就脑袋来说也都是真正的大工业家。早在德国出现真正的大工业以前,他们就已经明白,在农村开办工厂时,修建工人住房的投资是全部投资中一个必要的、能直接或间接带来很好收益的部分。早在俾斯麦和德国资产者之间进行的斗争给予德国工人以结社自由以前,英国的工厂主、矿主和冶炼厂主就从实践中得知,假如他们同时又是工人的房主,他们对罢工的工人能施加多么大的压力。格雷格、阿什顿、阿什沃思这些人的"繁荣移民区"根本不是"最近"才有的,甚至在40年以前它们就已经被资产阶级当做样板加以宣扬了,而我自己在28年以前已经对此作过描写(见《英国工人阶级状况》第 228—230 页脚注①)。马歇尔和阿克罗伊德(Akroyd——他的姓是这样写的)所创立的移民区也差不多有这样久,斯特拉特的移民区年代就更久了,它还在上一世纪就开始出现。既然英国工人住房的平均寿命假定是 40 年,那么萨克斯先生就是掰手指头也可以算出这些"繁荣移民区"现在处于怎样的破败状态了。况且这些移民区的所在地现在大多数都不再是乡下;由于工业的巨大扩展,这些移民区大多数已经被工厂和房屋层层围住,以致它们目前已经地处拥有两三万以至更多居民的污秽多烟的市镇中间,但这并不妨碍以萨克斯先生为代表的德国资产阶级科学现在还分毫不爽地重唱那些早已不适用的 1840 年的英国老赞美歌。

特别要提到的是老阿克罗伊德。这个老实人无疑是个十足的慈善家。他非常爱自己的工人,尤其爱自己的女工,以致他在约克郡的那些不如他那样仁慈的竞争者们常常说:在他的工厂中做工的全都是他自己的儿女! 可是,萨克斯先生断言,在这些繁荣移民区,"私生子越来越少了"(第 118 页)。完全正确,**未婚姑娘生**的私生子确实是越来越少了;因为,在英国工厂区中,漂亮的姑娘出嫁是很早的。

在英国,紧靠每个乡村大工厂**随同**工厂一起建造工人住房,这在近 60 年以至更久以来就已经成了通例。前面已经提到过,这种工厂乡村有许多已经变成了后来形成的整座工厂城市的中心,并且出现了工厂城市所产生的一切弊害。因此,这些移民区并没有

①　见《马克思恩格斯全集》中文第 1 版第 2 卷第 473—474 页。——编者注

解决住宅问题,而是由此才在当地**造成了**这种问题。

反之,在那些在大工业方面只是蹒跚地跟在英国后面,实际上只是从 1848 年起才懂得什么是大工业的国家里,在法国,尤其是在德国,情形就完全两样了。在这些国家里只有巨型冶炼厂和制造厂(如克勒佐的施奈德工厂和埃森的克虏伯工厂)在犹豫了很久以后才下决心修建一些工人住房。大多数农村厂主都让自己的工人冒着炎暑和雨雪清晨步行几德里赶到工厂,晚上再步行赶回家。这种情形特别常见于多山的地区——法国和阿尔萨斯的孚日山脉,以及伍珀河、锡格河、阿格河、伦讷河和莱茵—威斯特伐利亚其他河流的沿岸地区。在厄尔士山区,情形也不见得好些。不论德国人还是法国人,都同样是小气的吝啬鬼。

萨克斯先生很清楚地知道,无论是大有前途的开端也好,还是繁荣移民区也好,都毫无意义。因此他现在企图向资本家证明,他们从修建工人住房方面能获取多么可观的收入。换句话说,他企图给他们指出一条欺骗工人的新路。

首先,他给他们举出伦敦的许多建筑协会作例子,这些协会一部分是慈善性的,一部分是投机性的,它们已获得了 4%—6% 以至更高的纯利。至于投在工人住房上面的资本带来很好的收益——这用不着萨克斯先生来向我们证明。现在投在建造工人住房方面的资本为什么并不那么多,其原因在于更昂贵的住房会给房主带来更优厚的利润。因此,萨克斯先生给资本家的忠告仍然不过是一种道德说教罢了。

至于这些伦敦建筑协会,萨克斯先生大肆赞扬说它们取得了辉煌成绩,而据他自己的估计(他把任何一种建筑投机事业都包括进去了),它们总共也只是使 2 132 个家庭和 706 个单身汉,即总共还不到 15 000 人有房子住！这类微不足道的事情，在德国居然有人煞有介事地描绘成重大的成就，然而单是在伦敦东头，就有 100 万工人生活在极其恶劣的居住条件下！所有这些慈善行为，实际上是非常可怜和微不足道的，甚至英国议会关于工人状况的报告连一次也没有提到过。

在文章的整个这个部分中暴露出来的对伦敦情况的可笑的无知，我们在这里就不去说了，只是要指出一点。萨克斯先生以为索霍区内供单身汉住宿的客栈歇业是因为在这个地方"不能指望有很多顾客"。看来萨克斯先生以为整个伦敦西头都是无与伦比的豪华城区，而并不知道最优雅的街道背后紧挨着就是污秽不堪的工人区，例如索霍区就是其中的一个。萨克斯先生所提到的、我在 23 年前就已经知道的索霍区模范客栈，当初客人很多，但后来歇业了，因为谁在那里都受不了。而这还是最好的客栈之一。

那么，阿尔萨斯的米卢斯工人镇呢——难道这不是一个成就吗？

米卢斯的工人镇对大陆资产者说来，正如阿什顿、阿什沃思、格雷格等人当年的"繁荣移民区"对于英国资产者一样，是引以自傲的地方。可惜这个工人镇不是法兰西第二帝国与阿尔萨斯资本家的"无形"联合的产物，而是他们的公开联合的产物。它是路易·波拿巴的社会主义实验之一。国家曾为它垫付了三分之一的资本。它在 14 年内（到 1867 年为止）依照一套在英国（这里人们对事情了解得比较清楚）行不通的有缺陷的办法修建了 800 所小房子，让工人在 13—15 年内每月付出昂贵的房租以取得房屋所有权。我们往下就可以看到，这种获取所有权的方法在英国的互助性的建筑协会里早就采用了，根本不必由阿尔萨斯的波拿巴分子来发明。为购买房屋而付出的加价房租同英国比起来是相当高的;例如,工人在 15 年内累计付出 4 500 法郎以后,能取得一所在 15 年前值 3 300 法郎的房屋。一个工人如果要搬到别的地方或者哪怕仅仅欠了一个月的房租(在这种场合,他就可以被赶出去),人家就按房屋原价的 $6\frac{2}{3}$% 计算他的年租(例如,房屋价值是 3 000 法郎,每月就是 17 法郎),而把余数退还给他,但**不付分文利息**。显而易见,在这种情形下,建筑协会即使没有"国家帮助"也会大发其财。同样显而易见,在这种条件下提供的住房,只因为位于城外半农村地区,才优于城内的旧的营房式的住房。

关于在德国所做的几个可怜的实验,萨克斯先生自己在第 157 页上承认它们是很不像样的,我们也就不去讲了。

所有这些实例究竟证明了什么呢? 仅仅证明:修建工人住房,即使不践踏各种卫生法,对资本家说来也是一件有利可图的事情。这一点从来也没有人否认过,这一点我们大家早已知道了。**任何满足某种需要的投资**,只要合理经营都会带来收益。问题仅仅在于:**虽然如此**,为什么住房短缺现象仍然继续存在;虽然如此,为什么资本家还是不肯给工人提供足够数量的良好住房呢? 于是萨克斯先生又只好向资本提出劝告,而对问题却仍不作答复。对于这个问题的真正答复,我们在上面已经作出了。

资本即使能够办到,也不**愿意**消除住房短缺,这一点现在已经完全弄清了。于是只剩下其他两个出路:工人自助和国家帮助。

萨克斯先生是一个自助办法的热烈崇拜者,在住宅问题方面也能说出自助所创造的一些奇迹。可惜他一开始就不得不承认,自助只是在已经实行或可能实行小宅子制的地方,即仍然只是在农村,才能起点作用;在大城市中,甚至在英国,只能产生极有限的作用。然后,萨克斯先生喟然长叹道:

"依靠这个方法〈自助〉的改良只能**间接**实行,因而**永远**只能不完全地实行,亦即只能在私有原则有力量影响住房质量的限度内实行。"

并且连这也很值得怀疑;无论如何"私有原则"对我们这位作者的文笔的"质量"决没有起过改良的作用。虽然如此,自助在英国依然造成了奇迹,"结果,在那里为解决住宅问题而在其他方面所做的一切,**都被远远超过了**"。这里指的是英国的建筑协会,而萨克斯先生之所以特别详细地研究它们,是因为

"关于它们的实质和活动普遍存在着很不充分的或错误的看法。英国的建筑协会根本不是……建筑社或建筑协作社,用德语来讲倒不如……把它们叫做'购房协会';它们作为协会,目的是要由会员定期交费来构成基金,根据资金积累的多少从这笔基金中贷款给会员们去购买房屋…… 因此,建筑协会对于一部分会员说来是储蓄协会,对于另一部分会员说来是预支金库。可见,建筑协会是一种旨在满足工人需要的抵押信贷机构,主要是利用……工人储蓄……扶助储户同仁去购买或修建房屋。如事先规定的,这种贷款要有相应的不动产作抵押,并且要在短期内分批清偿,包括付息和分期还本在内…… 利息并不支付给储户,而总是**按照复利记在他们账下**……想要把储金连同积累的利息一并取回……只要在一个月前预先声明,就可以随时办到"(第170—172页)。"这样的协会在英国有2 000个以上…… 其中筹集的资本约有1 500万英镑,并且已经约有10万个**工人**家庭通过这种方式购置了自己的房屋;眼下这无疑是难以比拟的社会成就。"(第174页)

可惜,这里有个"疑虑"也跟着蹒跚地走来:

"然而问题**还并没有因此而得到**完全解决,这至少是因为购置房屋……只有**收入较好的**工人才能做到…… 并且对于卫生条件往往没有予以足够的注意。"(第176页)

在大陆上,"这种协会……只有很少的发展余地"。这种协会是以存在小宅子制为前提,但小宅子制在这里只是乡下才有;而乡

下的工人还没有充分发展到能自助的地步。另一方面，在可能成立真正的建筑协作社的城市里，建筑协作社会遇到"各种极其明显的和严重的困难"（第179页）。建筑协作社只能修建小宅子，而这在大城市中是行不通的。一句话，"这种协作社式的自助形式"不可能"在现今条件下——而且在最近的将来也未必可能——在解决这一问题方面起主要作用"。要知道，这种建筑协作社还处在"初始的、尚不发展的萌芽阶段"。"甚至在英国也是这样。"（第181页）

总之，资本家**不愿意**，工人则没有**能力**。我们本来到此可以结束这一篇了，不过因为舒尔采-德里奇之流的资产者总是把英国的建筑协会摆出来给我国工人做模范，所以绝对有必要对英国的建筑协会稍加说明。

这些建筑协会根本不是工人的团体，它们的主要目的也不是使工人购置归自己所有的房屋。相反，我们往下就会看到，工人购置房屋只是稀有的例外。这些建筑协会实质上是投机性的组织，它们起初规模很小，但就其投机性来说不亚于它们的规模巨大的仿效者。在某个酒馆中，通常是在酒馆主人的发起下——然后就每星期在他那里聚会一次——一些常客和他们的朋友，如小贩、店员、推销员、小手工业者和其他小资产者，有的地方还有一个机器制造业工人或另外一个属于本阶级贵族阶层的工人，共同凑成一个建筑协作社。最直接的起因，通常是酒馆主人探听到邻近或其他某个地方有一块比较便宜的地皮出售。大多数参加者由于他们的职业关系并不是被拴在了某个地方；甚至许多小贩和手工业者在城内也只有摊位，没有住所；只要有可能，谁都更愿意住在烟雾弥漫的城市中心以外的地方。买下一块供建筑用的地皮，在上面修建尽可能多的小宅子。比较有钱的会员们凑出的贷款就能买地皮;每周交纳的会费,再加上一些小额借款,就够支付每周的建筑费用。那些想购置自有住房的会员,凭抽签分得建成的小宅子,靠相应的加价房租分期偿清买价。其余的小宅子出租或出卖。这种建筑协会,在事业顺利的时候,就会积起或大或小的一笔钱,这笔钱在会员们交纳会费期间是属于会员们的,并且在他们之间偶尔进行分配或者在协会停办时进行分配。英国建筑协会十有八九的经过情形就是这样。其余的则是较大的,往往是在政治的或慈善事业的借口下成立起来的,它们的主要目的归根到底是通过地产投机,使**小资产阶级**的积蓄能有较好的有抵押作保证的投放处所,获得优厚的利息,并且可望分得红利。

至于这些协会究竟是指望着哪一类主顾,这可从一个即使不是最大的,也是最大的之一的协会的广告中看出。伦敦"伯克贝克建筑协会,法院巷南安普敦大厦 29 号和 30 号"自成立以来收入已达 1 050 万英镑(合 7 000 万塔勒),它存入银行和购买国家证券的款项在 416 000 英镑以上,现有会员和储户 21 441 人,它的广告内容如下:

"许多人都知道钢琴厂主采用的所谓三年制度,其内容是租赁钢琴三年者在此期限终了时即成为钢琴所有人。在采用这个制度以前,收入有限的人们很难购置一架好钢琴,正如很难购置一所自有的房屋一样;人们逐年出钱租钢琴,所花的钱比钢琴价格高一两倍。在钢琴上可行的办法,在房屋上也可行…… 然而因为房屋比钢琴要贵……所以要有较长期限才能用房租偿清买价。因此,本协会理事与伦敦城内各处和郊外各处的房主们达成协定,由本协会理事向伯克贝克建筑协会会员及其他人提供城市各处的大量房屋以供挑选。本协会理事打算采取的办法是这样的:房屋出租期限为 12 年半,如果房租能按期交纳,出租期满之后,房屋就成为承租人的绝对财产,无须再付其他任何费用…… 承租人也可以商定增加租金以缩短期限,或减低租金以延长期限…… **凡收入有限的人,即在大小商店中当伙计的人以及其他人,一加入伯克贝克建筑协会,就可以立刻摆脱任何房东而独立。"**

这说得够明白了。丝毫也没有提到工人,却讲到了收入有限的人,即在大小商店当伙计的人等等;并且还假定申请人通常**已经有了一架钢琴**。事实上,这里说的根本不是工人,而是小资产者和那些想要成为**并且能够**成为小资产者的人;这些人收入虽然有一定限度,但一般说来总是在逐渐上升,店铺伙计以及从事这类职业的人就是如此,而工人的收入至多只是金额保持不变,实际上则随着家庭人口增加及其需要增长而降低。事实上只有很少数工人才能作为例外参加这种协会。他们一方面收入太少,另一方面收入又太不可靠,所以他们不能承担为期 12 年半的义务。不属于这种情况的少数例外,若不是报酬最优的工人,便是工厂监工。①

————————

① 恩格斯在这里加了一个注:"尤其是关于伦敦建筑协会的经营情况,在这里还要作一个小小的补充。大家知道,伦敦的全部地皮几乎都属于一打左右的贵族,其中最显贵的是威斯敏斯特公爵、贝德福德公爵和波特兰公爵等人。起先这些人把一些建筑地皮出租 99 年,期满后就把地皮以及地皮上一切东西收归己有。然后他们就把这些房屋按照所谓修缮租约出租一个较短的时期,例如 39 年,承租人应依照这个租约把房屋修好并加以保持。签订了这种契约以后,地主就立刻派遣自己的建筑师和该区建筑管理局官员(surveyor)去检查房屋并确定必须修缮的地方。修缮工程往往都是很大的,甚至包括重建全部前墙、屋顶等等。这时承租人就把租约当做抵押交给建筑协会,以借取必需的款项——每年租金 130—150 英镑的可以借到 1 000 英镑以至 1 000 英镑以上——,由**自己**出钱来进行修建工程。于是,这些建筑协会便成了一套办法中的重要中介环节,这套办法的目的就是用不着自己费力气并利用公众的资金来不断重新修整伦敦地区的属于大土地贵族的房屋并使之保持适于居住的状态。

而这竟被当做解决工人住宅问题的措施!"——编者注

　　然而,每个人都明白,米卢斯工人镇的波拿巴分子无非是英国这些小资产阶级建筑协会的可怜模仿者罢了。只不过,波拿巴分子虽然得到国家帮助,但对自己主顾的欺骗却比这些建筑协会要厉害得多。他们的条件大体说来比英国平均的条件还要苛刻;在英国,每次交纳的钱都计算单利和复利,并且提前一个月通知就能全部退还,而米卢斯的工厂主则把单利和复利一并纳入腰包,只退还原来用五法郎硬币交纳的数额。没有人会比萨克斯先生对于这个差异更感到惊讶了。他在自己的书中写到了这一切,却不明白是什么意思。

　　可见,工人自助也是不会有什么结果的。现在只剩下国家帮助了。萨克斯先生在这方面能向我们拿出什么东西来呢?三件东西:

　　"第一,国家必须考虑到,应通过国家立法和行政手段消除或适当地改善一切可能以任何方式加重劳动阶级住房短缺的做法。"(第 187 页)

　　这就是说:修改建筑立法并保证建筑业自由,使建筑费用便宜些。但是,在英国,建筑立法被压缩到了最低限度,建筑业像空中飞鸟一样自由,而住房短缺却依然存在。况且,现在英国的建筑费用已经便宜到这样的程度,只要附近一辆马车跑过,房屋就会摇晃起来,并且每天都有房屋倒塌。就在昨天,1872 年 10 月 25 日,在曼彻斯特一下子倒塌了六所房屋,并且有六个工人受了重伤。可见,这也无济于事。

　　"第二,国家政权应制止个别的人因追求一己私利而扩大或重新招来这种灾难。"

　　这就是说:卫生和建筑管理部门对工人住房实行监督,授权当局封闭一切危害健康和有倒塌危险的住房。英国从 1857 年起就已经这样做了。但那里的情况怎样呢？1855 年颁布的第一个法令（消灭传染病法），萨克斯先生自己也承认，始终是"一纸空文"，1858 年颁布的第二个法令（地方自治法）也是如此（第 197 页）。然而，萨克斯先生认为，只适用于住有 1 万人口以上的城市的第三个法令手工业者住宅法，"无疑是英国议会深刻理解社会事务的良好证明"（第 199 页）。但是，这个说法又只是萨克斯先生完全不了解英国"事务"的"良好证明"。英国在"社会事务"方面一般比大陆先进得多，这是不言而喻的；它是现代大工业的祖国，资本主义生产方式在这里发展得最为自由和最为广阔，其后果在这里也最为显著，因而在立法方面获得反映也较早。工厂立法就是这方面最好的证据。但是，如果萨克斯先生以为，一个议会法令只要获得法律效力就能立即真正实施，那他就大错特错了。任何议会法令（只有工场法除外）都是这样，地方自治法恰好也是这样。这一法律委托给城市当局去执行，而城市当局在英国几乎到处都被公认为是一切贪赃枉法、徇私舞弊和 Jobbery① 的中心。这些城市当局中的通过种种家族关系谋得职位的官吏，不是没有能力实行便是不愿意实行这种社会法律，然而也正是在英国，负责准备和实行社会立法的政府官吏多半曾以严格忠于职守而著称——不过现在已经没有二三十年前那样严格了。几乎在任何地方，不卫生的

---

① 恩格斯在这里加了一个注："Jobbery 一词的意思是官吏利用职权图谋个人或家族的私利。比如说，某一国家的国家电报局局长当了某个造纸厂的匿名股东，他用自己森林中的木材供给这个工厂，然后委托这个工厂为电报局供应用纸，那么这就是虽然很小，但毕竟是干得不错的 job，因为这件事足以表明 Jobbery 的原则是什么东西；顺便说说，这在俾斯麦统治下是天经地义和十分自然的。"——编者注

和有倒塌危险的房屋的房主,在市政委员会中都直接或间接地拥有强有力的代表。按小区选举市政委员的办法,使当选者不得不服从卑劣的地方利益和影响;凡是想再度当选的市政委员,都不敢投票赞成把这个法律应用于自己的选区。因此,很明显,这个法律几乎到处都受到地方当局的强烈反抗,而直到现在还只是在群情激愤的场合才被采用,并且多半还是在已经爆发了流行病以后才被采用,如去年在曼彻斯特和索尔福德天花流行时的情形那样。向内务大臣进行的请愿以往总是只有在这种场合才起作用,因为英国每届**自由主义**政府所奉行的原则,都只是迫于极端必要才提出社会改革法案,至于已经存在的法律只要有可能就根本不去执行。这个法律,也像英国其他许多法律一样,只有这样一个意义:当一个受工人控制或威逼的政府终于真正推行这个法律时,它才会在这个政府的手中变成一个强有力的武器,可用来在现今社会状态下打开一个缺口。

"第三",在萨克斯先生看来,国家政权应当"极其广泛地采取它可以运用的一切积极措施来解决当前存在的住房短缺问题"。

这就是说:国家政权应当给自己的"下级官吏和职员"(但这根本不是工人呀!)修建营房,"真正的模范大楼",并且"贷款给……各个市镇机关、团体以及个人,以求改善各劳动阶级的住房"(第203页)。英国遵照公共工程贷款法已经这样做了,路易·波拿巴在巴黎和米卢斯也这样做过。但是,公共工程贷款法也只是一纸空文;政府拨给委员们支配的至多不过5万英镑,这笔钱顶多能建筑400所小宅子,40年能建造16 000所小宅子或住宅,顶多只能供8万人居住。这不过是沧海一粟而已。即使假定委员会的资金在 20 年后经过偿还增加了一倍,因而在后 20 年又修建了总共能供 4 万人居住的住房,那么,这也仍然是沧海一粟。况且,因为小宅子平均只能维持 40 年,所以在 40 年后每年就得花 5 万或 10 万英镑现金来整修势将倒塌的最旧的小宅子。萨克斯先生在第 203 页上谈到这一点时竟然说:这一原则在实际中已得到真正的贯彻,并且是在"无限的规模上"得到贯彻。这样就承认了,甚至在英国,国家也是"在无限的规模上"毫无作为的,到这里萨克斯先生就结束了自己的书,只是顺便对所有有关的人再一次作了一番道德说教。①

　　十分明显,现代的国家不能够也不愿意消除住房灾难。国家无非是有产阶级即土地所有者和资本家用来反对被剥削阶级即农民和工人的有组织的总权力。个别资本家(这里与问题有关的只是资本家,因为参加这种事业的土地所有者首先也是以资本家资格出现的)不愿意做的事情,他们的国家也不愿意做。因此,如果说**个别**资本家对住房短缺虽然也感到遗憾,却未必会受触动而去从表面上掩饰由此产生的极其可怕的后果,那么,**总**资本家,即国家,也并不会做出更多的事情。国家顶多也只是会设法在各地均衡地推行已经成为通例的表面掩饰工作。我们看到的情形正是如此。

---

①　恩格斯在这里加了一个注:"最近在授权伦敦建筑主管当局可征用地皮用于修筑新街道的英国议会法令中,对于因此无处栖身的工人给予了若干照顾。其中规定:新建的房屋必须适于以前住在这个地方的各种居民阶层居住。因此就在最便宜的地皮上面为工人修建起六至七层营房式出租大楼,这样就是符合了法律条文。这种为工人所根本不习惯并且与四周古老伦敦风貌极不协调的建筑效果如何,将来自有分晓。但是,即使在最好的情况下,这里所能容纳的也未必有实际上由于修筑新街道而失去住所的工人人数的四分之一。"——编者注

　　但是,有人可能反驳说,在德国,资产者还没有占统治地位;在德国,国家在某种程度上是独立的、凌驾于社会之上的力量,正因为这样,这个力量也就代表社会的总体利益,而不是代表某一个阶级的利益。**这样的**国家自然能够做出资产阶级国家所不能做出的许多事情;在社会领域中,也可期望它能做出完全不同的事情来。

　　这是反动派的论调。其实,就是在德国,现有的这种国家也是它赖以生长起来的那个社会基础的必然产物。在普鲁士——而普鲁士现在起着决定性的作用——同仍然强有力的大地主贵族相并存的,还有一个比较年轻和极其胆怯的资产阶级,它至今既没有像在法国那样争得直接的政权,也没有像在英国那样争得或多或少间接的政权。但是,跟这两个阶级并存的,还有一个人数迅速增加、智力十分发达、一天比一天更加组织起来的无产阶级。因此,这里除了旧专制君主制的基本条件——土地贵族和资产阶级间的均势——以外,还存在现代波拿巴主义的基本条件,即资产阶级和无产阶级间的均势。但是,不论在旧专制君主制中或者在现代波拿巴主义君主制中,实际的政府权力都是掌握在军官和官吏这一特殊等级的手中,这个等级在普鲁士一部分由他们自身补充,一部分由小世袭贵族补充,在少见的情况下由大贵族补充,极少的部分由资产阶级补充。这个似乎站在社会以外并且可以说是站在社会之上的等级的独立性,给了国家以独立于社会的假象。

　　在普鲁士(依其发展情况也在德意志的新帝国宪法中)从这些极端矛盾的社会状态中必然发展出来的国家形式,是假立宪制;这个国家形式既是旧专制君主制的现今的解体形式,也是波拿巴主义君主制的存在形式。在普鲁士,假立宪制从 1848 年到 1866 年只是遮盖和促成了专制君主制的缓慢腐朽过程。但是,从 1866

年以来,尤其从 1870 年以来,社会状态的变革,从而旧国家的解体,是在众目共睹下并且是在急速加剧的程度上发生着。工业的迅速发展,特别是证券交易所欺诈事业的迅速发展,把一切统治阶级都卷入投机的旋涡中。1870 年从法国传入的贪污腐化风气,以空前的速度大规模地发展起来。施特鲁斯堡和贝列拉互相脱帽致敬。大臣、将军、公爵和伯爵,竟同最狡猾的证券交易所犹太人为伍,做起股票生意,而国家也承认这些犹太人的平等身份,把他们大量地封为男爵。很早以来就以糖厂主和酒厂主身份从事工业的农村贵族早已度过了昔日的规规矩矩的时光,现在把自己的名字列入种种讲信用的或不讲信用的股份公司经理名单中了。官僚对盗用公款抱越来越轻视的态度,不再把它看做增加收入的唯一手段;他们把国家置之脑后,一味追逐高收入的工业企业管理职位,而那些还留任国家官职的人们也仿效自己上司的榜样搞股票投机,或"参与"铁路之类的事业。甚至有充分理由可以认为,就是尉官们也搞些投机活动来发点小财。一言以蔽之,旧国家的一切因素在急剧地解体,专制君主制在急剧地过渡到波拿巴主义君主制;在行将来临的工商业大危机中,不仅现代的骗局,而且整个旧普鲁士国家都要崩溃。①

　　这样一个非资产阶级因素日益资产阶级化的国家能够解决"社会问题",或者哪怕只解决一个住宅问题吗?恰恰相反。在一切经济问题上,普鲁士国家越来越受资产阶级的影响了。如果说

---

① 恩格斯在这里加了一个注:"现在,1886 年,普鲁士国家和它的基础即依靠保护关税确立的大地产同工业资本的联盟之所以还能维持下来,不过是因为惧怕 1872 年以来在人数和阶级意识上都已大大成长起来的无产阶级。"——编者注

1866 年以来经济方面的立法对资产阶级的利益的适应尚未越出原已达到的水平，那么这是谁的过错呢？主要是资产阶级自身的过错：第一，它过于胆怯，不能坚决地坚持自己的要求；第二，任何让步只要同时会使具有威胁性的无产阶级获得新的武器，它就加以拒绝。如果说国家政权，即俾斯麦，企图为自己拼凑一个御用的无产阶级，以钳制资产阶级的政治活动，那么这岂不就是一种不可避免的人所共知的波拿巴主义手段吗？这个手段对于工人没有承担任何义务，只是讲一些友好的空话，顶多也只能提供某种最低限度的国家帮助，也就是路易·波拿巴式的建筑协会所提供的那种帮助。

至于工人能从普鲁士国家那里期待什么，这从法国几十亿赔款[2]的使用情况中就可以得到最好的证明。这笔赔款使普鲁士国家机器在社会面前的独立性获得了一个新的短暂的缓刑期。难道这几十亿中有过一个塔勒曾用来使流落街头的柏林工人家庭得到容身之所吗？相反。当秋天来临时，国家甚至把工人们在夏天用做蔽身之所的那几间可怜的木房也下令拆毁了。这 50 亿赔款很快就在要塞、大炮和军队上挥霍殆尽；尽管瓦格纳说了许多善意的蠢话[23]，尽管同奥地利举行了几次施梯伯会议[24]，这几十亿赔款中用在德国工人身上的数目，甚至还不及路易·波拿巴从法国盗取的几百万法郎中用在法国工人身上的数目多。

三

实际上资产阶级以**他们的**方式解决住宅问题只有一个办法，

这就是问题解决了,但又层出不穷。这就叫做"**欧斯曼计划**"。

我这里所说的"欧斯曼计划",并不单单是指巴黎的欧斯曼所采取的那套特殊的波拿巴主义办法,即穿过房屋密集的工人区开辟一些又长、又直、又宽的街道,在街道两旁修建豪华的大厦;这样做,除了使街垒战难于进行这个战略目的以外,用意还在于造成一个依赖于政府的特殊的波拿巴主义的建筑业无产阶级,并把巴黎变为一个纯粹的豪华都市。我所说的"欧斯曼计划",是指把工人区,特别是把我国大城市中心的工人区从中豁开的那种已经普遍实行起来的办法,而不论这是为了公共卫生或美化,还是由于市中心需要大商场,或是由于敷设铁路、修建街道等交通的需要。不论起因如何不同,结果到处总是一样:最不成样子的小街小巷没有了,资产阶级就因为这种巨大成功而大肆自我吹嘘,但是,这种小街小巷立刻又在别处,并且往往就在紧邻的地方出现。

在《英国工人阶级状况》一书中,我描写过 1843—1844 年曼彻斯特的情况。从那时以来,由于修筑了横贯市中心的铁路,修建了新街道,建筑了巨大的公用和私用建筑物,我描写的最恶劣的街区中有一些已经被打通,被暴露出来和被改建了;有一些则已经完全没有了;但是还有许多街区——尽管从那时以来实行了更严格的卫生警察监督——处于同样恶劣或者甚至比那时更加恶劣的状况中。而另一方面,由于城市大大膨胀,城市居民从那时起已经增加了一半以上,那些原来宽敞清洁的街区,现在也同从前最声名狼藉的街区一样,房屋密集、污秽、挤满了人。这里只举一个例子。在我那本书的第 80 页及以下几页中,我描写了梅德洛克河谷的一簇房屋,这个地方名叫小爱尔兰(Little Ireland),多年以来就已经是曼彻斯特的一个污点。① 小爱尔兰早就消失不见了；现在这个地方修建了一个基座很高的火车站；资产阶级吹嘘说，顺利地彻底拆毁小爱尔兰是一个伟大的胜利。但去年夏天发生了一次大水灾，因为筑有堤堰的河流由于很容易理解的原因在我们的大城市中总是年复一年地造成越来越大的水灾。结果人们才发现，原来小爱尔兰根本没有被消灭，只是从牛津路南边迁移到了北边，并且仍然像以前一样糟糕。不妨看一看曼彻斯特激进资产者的喉舌曼彻斯特《泰晤士周报》**25** 1872 年 7 月 20 日的报道：

"我们希望，上星期六梅德洛克河谷居民所遭到的不幸，能带来一个良好的结果：把公众的注意力引向卫生法遭到公然嘲弄的种种事实上来，那里的人们在城市官吏和市卫生委员会的眼皮底下忍受这种嘲弄已经很久了。本报昨天刊载的一篇犀利的文章，只是极不充分地揭露了遭到水淹的查理街和布鲁克街一些地下室住房的恶劣状况。仔细调查了这篇文章所提到的大院之一，使我们有权证实文中所谈的一切情况，并表明我们的看法：这个大院里的地下室早就应该封闭了；更确切些说，本来就不应当容忍它们继续住人。在查理街和布鲁克街拐角地方的四方大院有七八所住房。甚至在布鲁克街最低的地方，在铁道高架桥下，行人每天来来往往就踏在这些住房之上，但决不会想到在他们脚下深深的洞穴中还住着人这种生物。这个大院是公众看不到的，住到这里来的只是那些迫于贫困不得不在墓冢似的隔绝之处找寻栖息之所的人。甚至在筑有堤岸的、通常死水一潭的梅德洛克河水不超过平常水位的时候，这些住宅的地面也不过只高出水面几英寸；任何一次大雨都能使污水坑或下水道中令人作呕的脏水溢出来，把有毒的气体散布到这些住宅中去，每次河水泛滥都留下这样的纪念…… 四方大院比布鲁克街房屋的不住人的地下室还要低……比街面低 20 英尺，所以星期六从污水坑中溢出来的脏水涨到了屋顶。我们知道这一点，因而料想这个大院不会再住人，或者只会遇见卫生委员会的人员在那里洗刷臭气熏天的墙壁并加以消毒。可是不然，我们竟看见一

―――――――――――

① 见《马克思恩格斯全集》中文第 1 版第 2 卷第 341 页及以下几页。——编者注

个人在某个理发师的地下室里忙活……把墙角的一大堆腐烂的脏东西铲到手推车中。这个理发师的地下室打扫得还算干净，此人叫我们到更低的一些住所去，关于这些住所，他说他如果会写字的话，就要向报纸投稿，要求把它们封闭起来。最后我们来到了四方大院，在那里我们看到一个漂亮的、健康的、看样子来自爱尔兰的女子，她正在忙着洗东西。她和她的丈夫——一所私宅的更夫——已经在这个院子里住了 6 年，并且家里人口很多…… 他们刚离开的那所房屋，水已经没了屋顶，窗子破了，家具成了一堆废物。这位丈夫说，住户每两月要用石灰把墙壁粉刷一次，才能使房子免去难以忍受的臭气…… 在我们的记者此时才走得进去的内院里，他看见有三所房子，后墙紧靠着刚才描写过的那些房屋，其中两所还有人住。那里臭气熏天，甚至最健康的人待几分钟也一定会呕吐起来…… 这个可憎的洞穴住着一个七口之家，他们在星期四晚上〈河水开始泛滥的那一天〉都在家里睡觉。更确切些说，如那个妇人所立刻改口说的，他们并没有睡觉，因为她和她的丈夫大半夜都被臭气熏得不断呕吐。星期六他们不得不涉着深及胸膛的水把自己的孩子们送出去。她也认为这个洞穴连养猪也不合适，但是，由于房租很低——每周一个半先令〈15 个格罗申〉，她也就把它租下了，因为她的丈夫最近生了病，常常没有工钱。这个大院和住进这个像活人坟墓般的大院内的居民，给予人们一种完全走投无路的印象。此外，我们必须指出：根据我们的观察，四方大院不过是这个地区其他许多地方的一个样本——也许是夸张了的样本——，这些地方的存在，我们的卫生委员会是不能辞其咎的。如果这些地方将来还允许住人，那么，卫生委员会所负责任之重大，以及邻近地区受传染病威胁之严重，我们就不用再去说了。"

这就是资产阶级实际解决住宅问题的一个明显的例子。资本主义生产方式使我们的工人每夜都被圈在里边的这些传染病发源地、极恶劣的洞穴和地窟，并不是在被消灭，而只是在……**被迁移！**同一个经济必然性在一个地方产生了这些东西，在另一个地方也会再产生它们。当资本主义生产方式还存在的时候，企图单独解决住宅问题或其他任何同工人命运有关的社会问题都是愚蠢的。解决办法在于消灭资本主义生产方式，由工人阶级自己占有全部生活资料和劳动资料。

第 三 篇
再论蒲鲁东和住宅问题

一

在《人民国家报》[1]第 86 号上,阿·米尔柏格宣称他就是我在该报第 51 号和以下几号中①批判过的那些文章的作者。② 他在替自己辩解的文章中对我大加责难,同时对所谈到的一切观点大肆歪曲,所以我好歹都必须予以答复。很遗憾,我的反驳大部分只能在米尔柏格给我划定的个人论争的范围内进行,但是我将竭力把主要的论点再次加以发挥,而且尽可能要比上次更清楚些,哪怕米尔柏格又会责难我,说这一切"不论对他或对《人民国家报》其他读者说来实质上都没有什么新东西"。这样,我的反驳也就会有某种普遍意义。

米尔柏格抱怨我的批判的形式和内容。说到形式,只要指出我当时根本不知道这些论文出自谁的手笔,这就够了。因此,根本谈不到对于作者有什么个人"成见";不过对于这些论文中所阐述的解决住宅问题的办法,我当然是有"成见"的,因为我早已从蒲

---

① 见本书第 15—37 页。——编者注
② 阿·米尔柏格《论住宅问题。答弗里德里希·恩格斯》,载于 1872 年 10 月 26 日《人民国家报》第 86 号。——编者注

鲁东那里知道了这个解决办法，并且对这个办法的看法是确定不移的。

关于我的批判的"语调"，我不想同朋友米尔柏格争论。像我这样参加运动很久的人，皮肤已经厚得不怕什么攻击了，所以很容易以为别人也有这样厚的皮肤。为了使米尔柏格得到补偿，这一次我要竭力使我的"语调"适应他的 Epidermis（表皮）的敏感程度。

米尔柏格对于我说他是蒲鲁东主义者这一点特别感到冤屈，并声明他根本不是蒲鲁东主义者。我当然应该相信他；不过，我还是要提出证据来证明，这些论文——我讲的也只是这些论文——中除了十足的蒲鲁东主义以外，没有别的东西。

但是，在米尔柏格看来，我对蒲鲁东的批判也是"轻率的"和很不公平的：

"小资产者蒲鲁东的学说，在我们德国已经成了一个确定不移的教条，许多人甚至连他的著作中的一行字都没有读过，就宣扬起这个教条来了。"

我惋惜说，除了蒲鲁东的著作以外，罗曼语地区的工人在 20 年内没有过任何别的精神食粮，对此米尔柏格回答说，在罗曼语地区的工人中"蒲鲁东所表述的原则几乎到处都成为运动的激励人心的灵魂"。这一点我不能同意。第一，工人运动的"激励人心的灵魂"不论在什么地方都不是什么"原则"，而在任何地方都归结为大工业的发展及其后果：一方面是资本的积累和积聚，另一方面是无产阶级的积累和积聚。第二，说蒲鲁东的所谓"原则"在罗曼语地区的工人中间起了米尔柏格所硬说的那种决定作用，说"无政府状态、组织经济力量、实行社会清算等原则在那里已成了……

革命运动的真正载体",都是不正确的。暂且不说西班牙和意大利,在那里蒲鲁东的万应灵丹只是以被巴枯宁修改得不成样子的形式出现才有了一点儿影响。每一个熟悉国际工人运动的人都很清楚一个事实:在法国,蒲鲁东主义者只形成一个人数很少的宗派,而法国工人群众则根本不愿理会蒲鲁东提出的冠以"社会清算和组织经济力量"称号的社会改革计划。顺便说说,这种情况在公社时期就已经有过。虽然蒲鲁东主义者在公社中有许多代表,可是根本不曾尝试过根据蒲鲁东的建议来清算旧社会或组织经济力量。恰恰相反,公社莫大的荣幸,就在于它的一切经济措施的"激励人心的灵魂"不是由什么原则,而是由简单的实际需要所构成。正因为如此,废除面包工人的夜工、禁止工厂罚款、没收停业工厂和作坊并将其交给工人协作社等这样一些措施,完全不合乎蒲鲁东的精神,而合乎德国科学社会主义的精神。蒲鲁东主义者所实行的唯一社会措施就是**拒绝**没收法兰西银行,而这是公社覆灭的部分原因。所谓布朗基主义者的情况也是一样。他们一旦尝试由纯政治革命家转变为提出一定纲领的社会主义工人派别——如那些流亡到伦敦的布朗基主义者在《国际和革命》①那篇宣言中表明的那样——,他们就不是宣告蒲鲁东的救世计划的"原则",而是宣告,并且几乎是逐字逐句宣告德国科学社会主义的观点,即无产阶级必须采取政治行动,必须把实行无产阶级专政作为达到废除阶级并和阶级一起废除国家的过渡。这种观点在《共产主义宣言》②中已经申述过并且以后又重述过无数次。如果

① 爱·瓦扬《国际和革命。前国际总委员会委员、公社流亡者为海牙代表大会而作》1872 年伦敦版。——编者注
② 即《共产党宣言》。——编者注

米尔柏格根据德国人不尊重蒲鲁东这一点作出结论说,德国人对于罗曼语地区的"直到巴黎公社"为止的运动缺乏理解,那么就请他为证明这个结论而说明一下,罗曼语著作中有哪一部在理解和描述公社方面哪怕近似于德国人马克思所写的《国际总委员会关于法兰西内战的宣言》①中所作的正确论述。

工人运动直接受蒲鲁东的"原则"影响的唯一国家就是比利时,正因为如此,比利时的工人运动才像黑格尔所说的那样"从无通过无到无"②。

如果说我认为罗曼语地区的工人20年来只是从蒲鲁东那里才直接或间接得到精神食粮是一种不幸,那么我认为这种不幸并不在于被米尔柏格称为"原则"的那套蒲鲁东改良药方占有完全虚构的统治地位,而是在于那里的工人对现存社会的经济批判受了完全谬误的蒲鲁东观点的传染,他们的政治活动也被蒲鲁东主义的影响败坏了。至于问到究竟是谁"更多地信奉革命",是"蒲鲁东主义化的罗曼语地区的工人",还是理解德国科学社会主义无论如何要比罗曼语地区的工人理解自己的蒲鲁东不知好多少倍的德国工人,那么我们只有知道了"**信奉**革命"是什么意思的时候,才能回答这个问题。我们曾经听说过有人"信奉基督教,信奉真正的信仰,承蒙上帝恩宠"等等。但是何谓"信奉"革命,即最具暴力的运动?难道"革命"是人们不得不信仰的恪守教义的宗教吗?

---

① 指马克思《法兰西内战。国际工人协会总委员会宣言》,见《马克思恩格斯选集》第3版第3卷第75—131页。——编者注
② 见黑格尔《逻辑学》第1部第2编,《黑格尔全集》第4卷1834年柏林版第15、75、145页。——编者注

其次,米尔柏格责难我,说尽管他文章中说得清清楚楚,我却硬说他把住宅问题仅仅说成是有关工人的问题。

这一次,米尔柏格确实是对的。我把那个有关的地方忽略了。这种忽略是缺乏责任心的表现,因为这是最能表明他的论文的全部倾向性的地方之一。米尔柏格确实清清楚楚地说过:

"由于人们常常对我们提出**可笑**的责难,说我们推行**阶级政治**,力求实现**阶级统治**等等,因此我们首先要强调说:住宅问题并不是仅仅有关无产阶级的问题,**相反**,它同**真正的中间等级**,即小手工业者、小资产阶级、全体官僚有**极大**的利害关系……　住宅问题正是社会改革中的一点,这一点显然比其他任何一点都更能揭示出,**无产阶级的利益**和社会中**真正中间阶级的利益有绝对的内在同一性**。在租赁住房的沉重的桎梏下,各中间阶级所受的痛苦同无产阶级一样厉害,**也许还更厉害些**……　现在社会中各个真正中间阶级面临着一个问题,即它们是否……有力量……与朝气蓬勃、充满活力的工人政党结成联盟来参加社会改造过程,**而这种改造过程的好处将首先为他们所享有**。"

总之,朋友米尔柏格在这里证实了如下几点:

(1)"我们"不推行"阶级政治",也不力求实现"阶级统治"。可是,德国社会民主工党,正**因为**它是**工人政党**,所以必然推行"阶级政治",即工人阶级的政治。既然每个政党都力求取得在国家中的统治,所以德国社会民主工党就必然力求争得**自己的**统治,工人阶级的统治,即"阶级统治"。而且,**每个**真正的无产阶级政党,从英国宪章派[26]起,总是把阶级政治,把无产阶级组织成为独立政党当做首要条件,把无产阶级专政当做斗争的最近目的。米尔柏格既然宣称这是"可笑的",也就是自外于无产阶级运动,而投身小资产阶级社会主义之中了。

(2)住宅问题有一个优点,即它并不仅仅是有关工人的问题,而是"同小资产阶级有极大的利害关系",因为"真正中间阶级"由此所受的痛苦同无产阶级"一样厉害,也许还更厉害些"。谁要是宣称小资产阶级——哪怕仅仅在一个方面——所受的痛苦"比无产阶级也许还更厉害些",那么当人家把他归在小资产阶级社会主义者中间的时候,他就确实不能抱怨了。因此,当我说了下面这段话时,米尔柏格怎能有理由感到不快呢:

"工人阶级和其他阶级特别是和小资产阶级共同遭受的这种痛苦,是蒲鲁东也归属的那个小资产阶级社会主义尤其爱研究的问题。所以,我们德国的蒲鲁东主义者首先抓住我们已经说过的绝非只是工人问题的住宅问题,这决不是偶然的。"①

(3)"社会中真正中间阶级"的利益同无产阶级的利益有"绝对的内在同一性",而且当前的社会改造过程的"好处将首先"正是为这些真正中间阶级所"享有",而不是为无产阶级所"享有"。

这样,工人进行当前的社会革命"首先"是为了小资产者的利益。其次,小资产者的利益同无产阶级的利益有"绝对的内在同一性"。既然小资产者的利益与工人的利益是内在地同一的,那么工人的利益也就与小资产者的利益是内在地同一的了。因此,小资产阶级的观点在运动中也就与无产阶级的观点同样合理了。而这种同等合理的说法,也就是人们所说的小资产阶级社会主义。

所以,当米尔柏格在自己的单行本的第 25 页上②把"小手工

---

① 参看本书第 18 页。——编者注
② 1872 年 2 月初和 3 月初《人民国家报》上匿名登载了阿·米尔柏格的六篇文章并加了编辑部按语,后来这些文章印成了单行本。下面的引文引自阿·米尔柏格《住宅问题。社会问题简述。〈人民国家报〉论文专集》1872 年莱比锡版第 25 页。——编者注

业"颂扬为"社会的真正**支柱**"时，他也是前后完全一致的，"因为
小手工业按其本质来说把三个要素，即劳动——获得——占有集
于一身，并且还因为它把这三个要素集于一身时并不给个人发展
能力设置任何限制"；而且他特别责难现代工业破坏培养正常人
的这一温床，并"把一个充满生命力而不断更新的**阶级**变成**一堆**
不觉醒的、不知道把自己惶惑的目光投向何方的人"。可见，小资
产者是米尔柏格心目中的模范人物，而小手工业是米尔柏格心目
中的模范的生产方式。我把他列入小资产阶级社会主义者中间，
难道是诬蔑了他吗？

　　既然米尔柏格拒绝为蒲鲁东承担任何责任，所以在这里就没
有必要进一步说明，蒲鲁东的改革计划将怎样指向使社会一切成
员都变成小资产者和小农这一目标。同样也没有必要去详谈小资
产者利益和工人利益的所谓的同一性。要讲的话，都已经在《共
产主义宣言》①中讲过了（1872 年莱比锡版第 12 页和 21 页）②。

　　总之，我们研究所得的结果是：在"关于小资产者蒲鲁东的传
说"之外，又出现了关于小资产者米尔柏格的真事。

二

　　现在我们来谈一个主要点。我曾指责米尔柏格的文章按照蒲
鲁东的方式歪曲了经济关系，办法是把这种关系翻译成法律用语。

---

①　即《共产党宣言》。——编者注
②　见《马克思恩格斯选集》第 3 版第 1 卷第 410 — 411、425 — 426 页。
　　——编者注

我举出了米尔柏格的下列论点作为例子：

"房屋一旦建造起来,就成为获取一定部分的社会劳动的**永恒的权利根据**,尽管这房屋的实际价值早已以房租形式绰绰有余地偿付给房主了。**结果就是:**例如 50 年前建筑的一所房屋,在这段时期内,其原先的成本价格以房租收入的形式得到了两倍、三倍、五倍、十倍以至更多倍的补偿。"

于是米尔柏格发出了如下的怨言：

"这样**简单冷静地陈述事实**,竟促使恩格斯对我大施教诲,说我本来应该说明房屋**究竟怎样**成为'权利根据'的——可是这完全不在我的任务范围以内…… **描述**是一回事,**说明**则是另一回事。如果我随着蒲鲁东说社会的经济生活必定渗透着**法的观念**,那么这样一来,我就要把现代社会**描述**成一个即使不是缺乏任何法的观念,至少也是缺乏**革命的法的观念**的社会——这个事实就连恩格斯自己也是会承认的。"

我们首先来谈谈这所一旦建造起来的房屋吧。这所房屋出租以后,就以房租形式给建造人带来地租、修缮费以及他所投入的建筑资本的利息,包括建筑资本的利润在内。视情况的不同,陆续交付的租金总数可能达到原来的成本价格的两倍、三倍、五倍以至十倍。朋友米尔柏格,这就是"简单冷静地陈述"具有**经济**性质的"事实";如果我们想知道为什么"结果就是"这样的事实,我们就必须在经济方面进行研究。这样我们就得把这个事实更仔细地考察一番,以便连小孩也不会再发生误解。大家知道,出卖商品就是商品占有者交出商品的使用价值而取得它的交换价值。各种商品的使用价值所以各不相同,其中也在于消费它们所用的时间不同。一个圆面包一天就吃完了,一条裤子一年就穿破了,一所房屋依我看要 100 年才住得坏。因此,使用期限很长的商品就有可能每次按一定的期限零星出卖其使用价值,即**将使用价值出租**。因此,零星出卖只是逐渐地实现交换价值;卖主由于不把他预付的资本和由此应得的利润立刻收回,就要靠加价即收取利息来获得补偿,加价即利息的高低并不是任意决定的,而是由政治经济学的规律决定的。在100年终了之后,这所房屋就用坏了,消耗掉了,不能再住人了。如果我们这时候从所付的租金总额中扣去(1)地租,包括在此期间可能发生的提价,(2)日常修缮费用,结果我们就会发现,余数大致是由下列各项组成:(1)原先的房屋建筑资本,(2)建筑资本的利润,以及(3)逐渐收回的资本和利润的利息。的确,在这个期限终了之后,承租人并没有房屋,可是房屋所有者也没有房屋了。房屋所有者只有地皮(如果这是属于他的)及其上面的建筑材料,但这些材料已经不是房屋了。如果在此期间房屋的"原先的成本价格得到了五倍或十倍的补偿",那么我们将看到,这全靠地租的加价;在像伦敦这样的地方,这对谁都不是什么秘密。在伦敦,土地所有者和房屋所有者多半是两个人。租金的这种大幅度的加价,发生在迅速发展的城市中,而决不是发生在建筑用地的地租几乎始终不变的乡下。大家知道,扣除地租的上涨部分以外,房主每年收入的房租平均不超出所投资本(包括利润在内)的7%,并且还得从中开销修缮费等等。一句话,租赁合同是一种最普通的商品交易,在理论上,它并不比其他任何交易对工人有利些或有害些,只有涉及劳动力买卖的场合是一个例外;在实践上,这个租赁合同是作为资产阶级千百种欺诈形式之一出现在工人面前的,关于这些欺诈形式我在单行本第4页①上已经讲过了,正如我在那里所指出的,这些欺诈形式也要经受某种经济上的调节。

_____

① 　见本书第16—17页。——编者注

相反,米尔柏格认为租赁合同无非是纯粹的"任意行为"(见他的单行本第 19 页),而当我向他证明情形是相反的时候,他就抱怨说:我向他讲的"可惜完全都是他自己已经知道的东西"。

但是,对于房租的任何经济研究,都不会使我们把废除住房租赁制变为"革命思想母腹中产生的最富有成果的和最崇高的追求之一"。为了达到这一目标,我们必须把这个简单的事实从冷静的经济领域移到意识形态方面的高得多的法学领域中去。"房屋成为"房租的"永恒的权利根据"——"**结果就是**",房屋的价值以房租的形式得到两倍、三倍、五倍和十倍的补偿。要明白为什么"结果就是"这样的,"权利根据"对我们没有丝毫帮助;正因为这样,我说米尔柏格只有在研究了房屋如何成为权利根据之后,才能知道**为什么**"结果就是"这样。只有像我那样去研究房租的**经济**本质,而不是对统治阶级用来使房租合法化的法律术语表示愤慨,我们才能知道这点。谁要提议采取经济措施来废除房租,谁就有责任对房租多知道一些,而不能只说它是"承租人奉献给资本的永恒权利的贡赋"。对于这一点米尔柏格回答道:"描述是一回事,说明则是另一回事。"

这样一来,房屋虽然决不是永恒的,却被我们变成房租的永恒的权利根据了。不管"结果就是"怎样,我们总是发现,由于这种权利根据,房屋便以房租形式带来高于它的价值好几倍的收入。由于翻译成法律用语,我们便顺利地远远离开了经济领域,以至于我们只看到这样一个现象,即逐渐支付的房租的总额可能是一所房屋价值的好几倍。既然我们借助于法学来思想和谈话,我们对这个现象也只能用法的标准即公平的标准来衡量,并且发现这种现象是**不公平的**,是与"革命的法的观念"——不管这是一种什么东西——不相符合的,因而权利根据也就毫无用处了。其次,我们又发现,这一情况同样适用于生息资本和出租的耕地,因而我们就有理由把这几种财产从其他各种财产里划分出来,并且给以特别的处置。这种特别的处置要求:(1)剥夺所有者废除合同的权利,即剥夺他索回自己财产的权利;(2)把租借给承租人、债务人或租佃人的、而并不属于他的财物的用益权无偿地让渡给他;(3)用长期分批付款的方法向所有者进行清偿,此外不再付利息。这样一来,我们就从这个方面把蒲鲁东的"原则"说透了。这就是蒲鲁东的"社会清算"。

附带说说,显然,这整个改革计划几乎仅仅有利于小资产者和小农,它**巩固着**他们作为小资产者和小农的地位。因此,米尔柏格所说的那个传说中的"小资产者蒲鲁东"的形象在这里忽然获得了完全可以捉摸的历史存在。

米尔柏格继续写道:

> "如果我随着蒲鲁东说社会的经济生活必定渗透着**法的观念**,那么这样一来,我就要把现代社会**描述**成一个即使不是缺乏任何法的观念,至少也是缺乏革命的法的观念的社会——这个事实就连恩格斯自己也是会承认的。"

可惜我不可能使米尔柏格在这里得到满足。米尔柏格期望社会**必定**渗透着法的观念,并且把这叫做描述。如果法庭派一个法警来催促我偿还一笔债务,那么照米尔柏格看来,法庭所做的无非是把我**描述**为一个欠债未还的人!描述是一回事,要求则是另一回事。德国科学社会主义与蒲鲁东之间的本质区别正好就在这里。我们描述——而每一真实的描述,与米尔柏格的说法相反,同时也就是说明事物——经济状况,描述经济状况的现状和发展,并且严格地从经济学上来证明经济状况的这种发展同时就是社会革命各种因素的发展：一方面是被本身的生活状况必然引向社会革命的那个阶级即无产阶级的发展；另一方面是生产力的发展，生产力发展到越出资本主义社会范围就必然要把它炸毁，同时生产力又提供了为社会进步本身的利益而一举永远消灭阶级差别的手段。相反，蒲鲁东则要求现代社会不是依照本身经济发展的规律，而是依照公平的规范（"法的**观念**"不是他的而是米尔柏格的东西）来改造自己。在我们提出证明的地方，蒲鲁东及其追随者米尔柏格却在进行**说教**和哀诉。

"革命的法的观念"究竟是一种什么东西，我根本无从猜测。诚然，蒲鲁东把"**革命**"变成一种体现和实现他的"公平"的神灵；同时他陷入一个不寻常的错误，把1789—1794年的资产阶级革命和未来的无产阶级革命混为一谈。他几乎在自己的一切著作中，尤其是1848年以后的著作中，都是这样做的；我只举1868年出版的《革命的总观念》[27]第39—40页作个例子。但是，既然米尔柏格拒绝为蒲鲁东承担任何责任，所以我就不能到蒲鲁东那里去寻求对"革命的法的观念"的说明，因而我就继续停留在埃及的黑暗①中。

米尔柏格接着说：

"但是，不论蒲鲁东也好，或者我也好，都不是诉诸于'永恒公平'以求**说明**现存的不公平状态，更不是像恩格斯强加于我的那样，期望诉诸于这个公平以求改善这种状态。"

米尔柏格想必以为"蒲鲁东在德国几乎完全不为人所知"吧。

---

① 意即极度的黑暗，语出《旧约全书·出埃及记》第10章。——编者注

蒲鲁东在其一切著作中都用"公平"的标准来衡量一切社会的、法的、政治的、宗教的原理,他摒弃或承认这些原理是以它们是否符合他所谓的"公平"为依据的。在他的《经济矛盾》中,这个公平还被称为"永恒公平",justice éternelle。后来永恒性就不再提了,但实质上还是保存着。例如,在 1858 年出版的《论革命中和教会中的公平》这一著作中,下面的一段就反映了这整整三卷说教的内容(第 1 卷第 42 页):

"各社会中的基本原则,有机的、起调节作用的、至高无上的原则,支配其他一切原则的原则,统治、保护、压制、惩戒、在必要时甚至镇压一切叛乱因素的原则究竟是什么呢? 是宗教、理想、**利益**吗? …… 这个原则在我看来就是**公平**。公平是什么呢? 是**人类自身**的**本质**。从世界创始以来,它曾是什么呢? 是虚无。它应当是什么呢? 是一切。"

这个作为人类自身本质的公平,如果不是**永恒**公平,那又是什么呢? 这个作为各社会中有机的、起调节作用的、至高无上的基本原则的公平,这个至今依然是虚无但应当成为一切的公平,如果不是用来衡量一切人间事物的标准,不是在每一冲突下人们所诉诸的最高裁判官,那又是什么呢? 难道我不恰好说过,蒲鲁东在判断一切经济关系时不是依据经济规律,而只是依据这些经济关系是否符合他这个永恒公平的观念,以此来掩饰自己在经济学方面的无知和无能吗? 既然米尔柏格期望"现代社会生活中的一切变更……都必定渗透着**法的观念**,即到处都按照**严格的公平要求**来实行",那么他与蒲鲁东究竟有什么区别呢? 是我不会阅读呢,还是米尔柏格不会写作?

米尔柏格接着说:

"蒲鲁东同马克思和恩格斯一样清楚地知道,人类社会的真正推动力是经济关系,而不是法的关系;他也知道,一个民族某一时代的法的观念只是经济关系,特别是生产关系的表现、反映和产物…… 总之,在蒲鲁东看来法是历史地生成的经济的产物。"

如果蒲鲁东"同马克思和恩格斯一样清楚地知道"这一切(我愿意不理会米尔柏格的含糊说法并对他的善良愿望信以为真),那么我们还争论什么呢? 但是问题在于,蒲鲁东知道的东西恰恰是另一回事。每一既定社会的经济关系首先表现为**利益**。而在刚才引证的蒲鲁东的主要著作中的那个地方,他明明白白地写着,"各社会中起调节作用的、有机的、至高无上的、支配其他一切原则的基本原则",并不是**利益**,而是**公平**。而且他在他的一切著作的一切有决定意义的地方,都重复着这一点。但所有这一切都不妨碍米尔柏格继续说:

"……蒲鲁东在《战争与和平》一书中发挥得最透彻的经济上的法的观念,同拉萨尔在其《既得权利体系》①序言中叙述得极出色的基本思想完全一致。"

《战争与和平》也许是蒲鲁东的许多幼稚著作中最幼稚的一部,我没有料到这部著作竟会被援引来证明蒲鲁东似乎领会了德国的唯物史观。德国的唯物史观是以一定历史时期的物质经济生活条件来说明一切历史事件和观念,一切政治、哲学和宗教的。而蒲鲁东的书竟是这样缺少唯物主义,以致它不求助于**造物主**,就表达不出它的战争构想:

"但是,为我们选择了这个生活方式的造物主,有他自己的目的。"(1869

---

① 斐·拉萨尔《既得权利体系。实在法和法哲学的调和》(两卷集)1861年莱比锡版。——编者注

年版第 2 卷第 100 页)

至于这本书究竟是依据着什么样的历史知识,这从它相信历史上存在过黄金时代这一点就可看出:

"起初,当人类还是稀稀疏疏地散布在地球上的时候,自然界毫不费劲地就满足了人类的需要。这曾是黄金时代,是丰足的升平时代。"(同上,第 102 页)

蒲鲁东的经济观点是最明显的马尔萨斯主义[28]观点:

"生产增加一倍,人口也立刻跟着增加一倍。"(第 106 页)

那么,这本书的唯物主义在什么地方呢? 就在于它断言战争的原因向来一直是而且始终还是"赤贫"(例如,第 143 页)。当布雷西希大叔在 1848 年的演说中冷静地发表"大贫穷的原因就是大贫穷"的宏论时,他也是一个可笑的唯物主义者。

拉萨尔的《既得权利体系》一书不仅囿于法学家的种种幻想,而且还囿于老年黑格尔派的种种幻想。拉萨尔在第 VII 页上明确地宣称:"在**经济方面**,既得权利概念也是推动一切继续向前发展的喷泉";他想证明:"权利是一个**从自身内部**〈这就是说不是从经济的先决条件中〉发展出来的合理的机体"(第 XI 页);在拉萨尔看来,问题是要证明权利不是起源于经济关系,而是起源于"意志概念本身,而法哲学不过是对这种概念的阐发和叙述"(第 XII 页)。那么这部书在这里又有什么用呢? 蒲鲁东和拉萨尔的差别只在于,拉萨尔是一个真正的法学家和黑格尔主义者,而蒲鲁东在法学和哲学方面,也如在其他一切方面一样,不过是一个门外汉。

我知道得很清楚:以经常自相矛盾而著称的蒲鲁东,有时也发

表一些言论,表明他似乎是用事实来说明观念的。但是,这些言论对他的一贯思想倾向来说是毫不足道的,何况这些言论即使有也是极其混乱和自相矛盾的。

在社会发展的某个很早的阶段,产生了这样一种需要:把每天重复着的产品生产、分配和交换用一个共同规则约束起来,借以使个人服从生产和交换的共同条件。这个规则首先表现为习惯,不久便成了**法律**。随着法律的产生,就必然产生出以维护法律为职责的机关——公共权力,即国家。随着社会的进一步的发展,法律进一步发展为或多或少广泛的立法。这种立法越复杂,它的表现方式也就越远离社会日常经济生活条件所借以表现的方式。立法就显得好像是一个独立的因素,这个因素似乎不是从经济关系中,而是从自身的内在根据中,可以说,从"意志概念"中,获得它存在的理由和继续发展的根据。人们忘记他们的法起源于他们的经济生活条件,正如他们忘记他们自己起源于动物界一样。随着立法进一步发展为复杂和广泛的整体,出现了新的社会分工的必要性:一个职业法学家阶层形成了,同时也就产生了法学。法学在其进一步发展中把各民族和各时代的法的体系互相加以比较,不是把它们视为相应经济关系的反映,而是把它们视为自身包含自我根据的体系。比较是以共同点为前提的:法学家把所有这些法的体系中的多少相同的东西统称为**自然法**,这样便有了共同点。而衡量什么算自然法和什么不算自然法的尺度,则是法本身的最抽象的表现,即**公平**。于是,从此以后,在法学家和盲目相信他们的人们眼中,法的发展就只不过是使获得法的表现的人类生活状态一再接近于公平理想,即接近于永恒公平。而这个公平则始终只是现存经济关系的或者反映其保守方面,或者反映其革命方面的观念化的神圣化的表现。希腊人和罗马人的公平认为奴隶制度是公平的；1789 年资产者的公平要求废除封建制度，因为据说它不公平。在普鲁士的容克看来，甚至可怜的专区法[29]也是对永恒公平的破坏。所以，关于永恒公平的观念不仅因时因地而变，甚至也因人而异，这种东西正如米尔柏格正确说过的那样，"一个人有一个人的理解"。在日常生活中，需要加以判断的各种情况很简单，公正、不公正、公平、法理感这一类说法甚至应用于社会事物也不致引起什么误会，可是在经济关系方面的科学研究中，如我们所看到的，这些说法却会造成一种不可救药的混乱，就好像在现代化学中试图保留燃素说的术语会引起混乱一样。如果人们像蒲鲁东那样相信这种社会燃素即所谓"公平"，或者像米尔柏格那样硬说燃素①同氧气一样是十分确实的，这种混乱还会更加厉害。

三

再往下，米尔柏格抱怨我把他的如下一段"激昂的"议论叫做反动的耶利米哀歌：

---

① 恩格斯在这里加了一个注："在发现氧气以前，化学家们为了说明物体在空气中燃烧的原因曾假定存在着一种特别的燃烧物质，即在燃烧时消散的燃素。因为他们发现简单的物体在燃烧后比燃烧前重，他们就说燃素是具有负重量的，所以物体不含燃素时就比含有燃素时重些。这样人们便把氧气所具有的一切主要特性逐渐加在燃素身上，可是一切都**被颠倒了**。当人们发现燃烧就是燃烧的物体与另一种物体即氧气相化合并且已提取出纯氧的时候，就把——然而也还是经过守旧化学家的长期抗拒之后——这种假说打破了。"——编者注

"在大城市中,百分之九十以至更多的居民都没有可以称为私产的住所,这个事实对于我们这个备受赞扬的世纪的全部文明的嘲弄是再可怕不过的了。"

的确,如果米尔柏格像他自己硬说的那样,只是局限于描述"现时代的惨状",我当然就不会说坏话来评论"他和他的朴素的文章"了。但是他做的完全是另外一回事。他把这些"惨状"描述为工人**"没有可以称为私产的住所"**的结果。不论把"现时代的惨状"说成是废除工人的房屋所有权的结果,还是如容克们所说的那样把这说成是废除封建制度和行会的结果——在这两种场合,这种抱怨都只能是反动的耶利米哀歌,只能是目睹不可避免的东西、历史上必然的东西的突然袭来而发出的悲歌。反动性就在于米尔柏格想恢复工人对房屋的个人所有权,即恢复早已被历史消灭了的东西;就在于他所能设想的工人解放无非是使每个工人重新成为自己住房的所有者。往下他又写道:

"我要最明确地声明,真正的斗争是针对资本主义生产方式的,只有**从资本主义生产方式的变革出发**,才能期望住房状况得到改善。恩格斯丝毫看不出这一点…… 我把社会问题的充分解决当做采取赎买出租住房办法的前提。"

可惜我至今还丝毫看不出这一点。我当然无法知道我甚至连其名字也不知道的一个人在其头脑中一个秘密角落里把什么东西看做前提。我只能以米尔柏格发表出来的论文为根据。而在那里我直到现在还看见(单行本第15和16页上),为了着手赎买出租住房,米尔柏格所设定的前提不过是……租赁住房。只有在第17页上他才"把资本的生产性的双角抓住而予以制服",关于这点我们回头还要谈到。他甚至在替自己辩解的文章中也证实了这一

点,他说:

> "问题倒是应当说明,**从现有情况出发**,怎样才能实行住宅问题方面的完全变革。"

"从现有情况出发"与"从资本主义生产方式的变革〈应当说废除〉出发"——这是两个完全对立的东西啊。

米尔柏格抱怨我把多尔富斯先生和其他厂主帮助工人购置自有房屋的慈善之举看做实际实现他的蒲鲁东主义计划的唯一可能的方法,这是毫不足怪的。如果米尔柏格懂得蒲鲁东的救世计划是一种完全在**资产阶级**社会的土地上驰骋的幻想,那他自然就不会相信这个计划了。我在任何时候和任何地方都没有怀疑过他的善良的愿望。但是,雷绍埃尔博士向维也纳市政委员会提议仿效多尔富斯的计划,他究竟为什么要加以称赞呢?

接着米尔柏格又宣称:

> "至于单就城乡对立而言,那么想把它消灭是一种空想。这种对立是自然的,更确切些说,是历史上形成的…… 问题不在于**消灭**这种对立,而是在于去发现可以使这种对立成为**无害**甚至**有利**的那些政治和社会形式。这样才可望达成和平的调整,达到各种利益的逐渐的均衡。"

总之,消灭城乡对立是一种空想,**因为**这种对立是自然的,更确切些说,是历史上形成的。我们且把这个逻辑应用到现代社会的其他对立物上面,看一看我们会走到什么地方去。例如:

"至于单就"资本家与雇佣工人的"对立而言","那么想把它消灭是一种空想。这种对立是自然的,更确切些说,是历史上形成的。问题不在于**消灭**这种对立,而是在于去发现可以使这种对立成为**无害**甚至**有利**的那些政治和社会形式。这样才可望达成和平的调整,达到各种利益的逐渐的均衡"。

这样一来,我们又走到舒尔采-德里奇那里去了。

消灭城乡对立不是空想,不多不少正像消除资本家与雇佣工人的对立不是空想一样。消灭这种对立日益成为工业生产和农业生产的实际要求。李比希在他论农业化学的著作①中比任何人都更坚决地要求这样做,他在这些著作中一贯坚持的第一个要求就是人应当把取自土地的东西还给土地,并证明说城市特别是大城市的存在只能阻碍这一点的实现。当你看到仅仅伦敦一地每日都要花很大费用,才能把比全萨克森王国所排出的还要多的粪便倾抛到海里去,当你看到必须有多么庞大的设施才能使这些粪便不致毒害伦敦全城,那么消灭城乡对立的这个空想便有了值得注意的实际基础。甚至较小的柏林在自己的秽气中喘息至少也有30年了。另一方面,像蒲鲁东那样想变革现代的资产阶级社会而同时又保留农民本身,才真是十足的空想。只有使人口尽可能地平均分布于全国,只有使工业生产和农业生产发生紧密的联系,并适应这一要求使交通工具也扩充起来——同时这要以废除资本主义生产方式为前提——才能使农村人口从他们数千年来几乎一成不变地在其中受煎熬的那种与世隔绝的和愚昧无知的状态中挣脱出来。断定人们只有在消除城乡对立后才能从他们以往历史所铸造的枷锁中完全解放出来,这完全不是空想;当有人硬要"从现有情况出发"预先规定一种据说可用来消除现存社会中这种或其他任何一种对立的**形式**时,那才是空想。米尔柏格采用蒲鲁东的公式

——————————

① 尤·李比希《化学在农业和生理学中的应用》(两卷集)1862年不伦瑞克第7版第1卷。——编者注

来解决住宅问题时，就是在这样做。

其次，我说过米尔柏格对"蒲鲁东关于资本和利息的闻所未闻的见解"也要负一定的责任，对此他抱怨不已，并且宣称：

> "我是假定生产关系的改变**是既定的**，而调节利率的过渡性法律并不涉及生产关系，而是涉及社会交易即流通关系…… 生产关系的变更，或者如德国学派更精确地说的，资本主义生产方式的废除，当然不是如恩格斯**所强加于我**的那样，有了取消利息的过渡性法律就会发生，而是只有劳动人民**实际占有全部劳动工具**，拥有全部工业后才会发生。至于劳动人民在这里将热衷于〈！〉赎买还是热衷于立即没收，这一点既不是恩格斯也不是我所能决定的。"

我惊愕地把眼睛揉了一揉。我把米尔柏格的文章再从头到尾读了一遍，想找出他究竟在哪个地方说过，他提出的赎买出租住房是以"劳动人民实际占有全部劳动工具，拥有全部工业"为前提的。我没有找到这样的地方。它并不存在。任何地方都没有谈到"实际占有"等等。不过在第 17 页上却说过：

> "我们假定，资本的生产性**真正被抓住双角而予以制服**，而这是迟早总会发生的，例如**通过一项过渡性法律就可加以制服。这项法律把一切资本利率规定为一厘**，并且请注意，这里还有这样一种趋势，即这一厘利率还要逐渐接近于零…… 自然，房屋以及住房，也同其他一切产品一样，都要纳入这种法律的范围…… 因此，我们从这一方面可以看到，赎买出租住房**是根本消灭资本的生产性的必然后果**。"

可见，与米尔柏格最近的转变完全相反。这里是毫不含糊地说，资本的生产性——他这个混乱的说法连他自己也承认指的就是资本主义生产方式——确实是可以通过废除利息的法律"被抓住双角而予以制服"的，并且正是由于有这个法律，"赎买出租住房是根本消灭资本的生产性的必然后果"。现在米尔柏格却说，绝对不是这样。这个过渡性法律"并不涉及**生产**关系,而是涉及**流通关系**"。碰到这种如歌德所说的"智者和傻瓜同样都感到神秘莫测的"①十足的矛盾,我就只好假设我是在和两个不同的米尔柏格打交道:一个米尔柏格理直气壮地抱怨我把另一个米尔柏格发表的东西"强加"于他。

至于说劳动人民既不会向我也不会向米尔柏格请教在实际占有时他们应"热衷于赎买还是热衷于立即没收",那是千真万确的。最可能的是,劳动人民宁愿什么也不"热衷"。但是,劳动人民实际占有全部劳动工具的问题根本就没有涉及过,而涉及到的只是米尔柏格的如下论断(第 17 页):"解决住宅问题的全部内容包括在**赎买**这个词中。"既然他现在承认这种赎买是极成问题的,那么为什么还要给我们两人和读者们增添不必要的麻烦呢?

不过,必须指出,由劳动人民"实际占有"全部劳动工具和拥有全部工业,是同蒲鲁东主义的"赎买"完全相反的。如果采用后一种办法,**单个劳动者**将成为住房、农民田园、劳动工具的所有者;如果采用前一种办法,则"劳动人民"将成为房屋、工厂和劳动工具的总所有者。这些房屋、工厂和劳动工具的用益权,至少在过渡时期难以无偿地转让给个人或团体。同样,消灭地产并不是消灭地租,而是把地租——虽然形式发生变化——转交给社会。所以,由劳动人民实际占有全部劳动工具,决不排除保存租赁关系。

一般说来,问题并不在于,无产阶级取得政权后是去简单地运用暴力占有生产工具、原料和生活资料,还是为此立即给以补偿,

① 这里套用了歌德《浮士德》第 1 部第 6 场《魔女之厨》里靡菲斯特斐勒司的话。——编者注

或者是通过缓慢的分期付款办法赎买这些东西的所有权。试图预先面面俱到地回答这个问题,那就是制造空想,这种事情我留给别人去做。

四

我不得不花费这样多的笔墨纸张,才穿过了米尔柏格的重重借口和遁词,终于触到米尔柏格在替自己辩解的文章中小心翼翼避免涉及的问题。

米尔柏格在自己的文章中说了些什么肯定意见呢?

第一,"房屋、建筑用地皮等等原来的成本价格同其现今价值间的差额",照理应该属于社会。用经济学术语来说,这种差额就是地租。蒲鲁东也想把地租交归社会,这一点我们在他的《革命的总观念》1868 年版第 219 页中可以读到。

第二,住宅问题的解决就是要使每个人都成为自己住房的所有者,而不再是承租者。

第三,实行这种解决办法,就得通过一项法律把支付房租变为分期支付住房的买价。——第二第三这两点都是从蒲鲁东那里抄袭来的,每个人都能在《革命的总观念》第 199 页及以下几页中看出这一点,而且那本书第 203 页甚至还载有已经编纂好了的有关法律的草案。

第四,通过一种过渡性法律把资本的生产性的双角抓住而予以制服,根据这种法律先把利率降低到一厘,预计以后还要继续降低。这同样是从蒲鲁东那里抄袭来的,在《总观念》第 182 — 186

页中可以详细地读到这一点。

在这几点中的每一点,我都引证了米尔柏格的抄袭品所依据的蒲鲁东原书的有关段落。现在我要问:我是否有权把一篇彻头彻尾蒲鲁东主义的和除了蒲鲁东主义观点外一无所有的文章的作者,称为蒲鲁东主义者?但是米尔柏格最抱怨我的,就是我一"碰见蒲鲁东所特有的某些**说法**"就称他为蒲鲁东主义者。恰恰相反。一切"**说法**"都是米尔柏格的,**内容**则是蒲鲁东的。而当我随后用蒲鲁东的话来补充蒲鲁东主义者的论文时,米尔柏格就埋怨说我把蒲鲁东的"闻所未闻的见解"硬加到他头上了!

那么我对这个蒲鲁东主义计划提出了什么反驳意见呢?

第一,把地租转交给国家,就等于消灭个人地产。

第二,赎买出租住房并把住房所有权转交给原来的承租人,根本不能触动资本主义生产方式。

第三,在大工业和城市的当前发展情况下提议这样做是既荒谬又反动的;重新实行各个人对自己住房的个人所有权,是一种退步。

第四,强制降低资本利息,丝毫也不会侵犯资本主义生产方式;相反,如反高利贷的法律所证明的,这是既陈旧又行不通的。

第五,房屋的租金决不会随着资本利息的消灭而消灭。

对于第二点和第四点,米尔柏格现在已经表示同意了。对于其余各点,他无一字反驳。而这恰好是争论中涉及到的几点。但是,米尔柏格的辩解并不是反驳;他小心地回避了一切正好具有决定意义的经济学方面的问题;这个辩解只不过是针对个人的怨言罢了。例如,我曾预见并谈到他对其他问题如国债、私人债务、信用问题所预告的解决办法,并且指出他的这些解决办法将到处都是一个样子,即像解决住宅问题那样:废除利息,把支付利息转变为分期清偿资本额,实行无息信贷。对此,他大肆抱怨。尽管如此,我现在仍愿意打赌:如果米尔柏格的这些文章能够出世,它们的基本内容将与蒲鲁东的《总观念》(信用——第 182 页,国债——第 186 页,私人债务——第 196 页)相一致,正如他的关于住宅问题的文章与我从同一书中引证的各段相一致一样。

米尔柏格就此开导我说,这些问题,即税收、国债、私人债务和信用问题,加上公社自治问题,对于农民和乡村宣传都极其重要。我对于这点大体上同意,但是,(1)直到现在并没有谈到过农民;(2)蒲鲁东对于这些问题的"解决"也如他对于住宅问题的解决一样,在经济学上是荒谬的,并且在实质上是资产阶级的。米尔柏格暗示说我没有看到吸引农民参加运动的必要性,对于这一点**我无须为自己辩白**。但是,为此目的而向农民推荐蒲鲁东的江湖医术,我总认为是蠢事。德国还存在很多大地产。按照蒲鲁东的理论,所有这些大地产都应该分割成为小农户,这种办法在今日的农业科学状况下,并且有了法国和德国西部推行小地产的经验之后,简直就是一种反动的东西。相反,现存的大地产将给我们提供一个良好的机会,让联合的劳动者来经营大规模的农业,只有在这种巨大规模下,才能应用一切现代工具、机器等等,从而使小农明显地看到通过联合进行大规模经营的优越性。在这方面走在所有其他社会主义者前面的丹麦社会主义者,早已认清这一点了。**30**

至于责备我似乎把现代悲惨的工人住房状况看做"没有什么意义的琐事",我也同样无须为自己辩白。据我所知,我是第一个用德文对这种状况的英国的典型发展形式作出描述的人,我这样做并不是像米尔柏格所说的那样是因为这些东西"打击了我的**法**

理感"——谁要是想把一切打击自己的法理感的事情都写成著作,那真是不胜劳碌了——,而是因为,如我在这本书的序言①中所指出的,是想通过描写现代大工业所造成的社会状态来给当时正在产生的、一味在空话中盲目兜圈子的德国社会主义提供一个事实的基础。但是,我的确丝毫没有想到要解决所谓住宅**问题**,正如我并没有去研究更为重要的**食物问题**的解决办法的细节一样。如果我能证明我们现代社会的生产足以使社会一切成员都吃得饱,并且证明现有的房屋足以暂时供给劳动群众以宽敞和合乎卫生的住所,那么我就已经很满意了。至于苦思冥想未来的社会将怎样调节食品和住房的分配——这就是直接陷入**空想**。根据对以前各种生产方式的基本条件的认识,我们顶多只能断定:随着资本主义生产的倾覆,以往社会的一定占有形式就将成为不可能的了。甚至过渡的措施也是到处都必须适应当时存在的情况;这些措施在小地产国家里和在大地产国家里将大不相同,等等。企图单独解决像住宅问题之类的所谓实际问题会得到什么结果,米尔柏格本身的例子就是最好的证明,他首先用了 28 页的篇幅来详细说明"解决住宅问题的全部内容包括在**赎买**这个词中",后来他被逼得走投无路时,就狼狈地支吾说,在实际占有房屋时"劳动人民将热衷于赎买"还是其他某种剥夺方式,确实还是很难确定的。

米尔柏格要我们**实际些**,要我们"面对现实的实际状况"不要"仅仅提出死板的抽象的公式";要我们"脱离抽象的社会主义,接近**一定的具体的社会状况**"。如果米尔柏格自己这样做了,那他也许对运动会有很大功劳的。接近一定的具体的社会状况的第一

---

① 见《马克思恩格斯选集》第 3 版第 1 卷第 84—86 页。——编者注

步就是要认识这些状况,根据它们的实际的经济联系来考察它们。但是我们在米尔柏格那里看到的又是什么呢? 看到了两个完整的论点,即:

(1)"承租人对房主的关系,完全和雇佣工人对资本家的关系一样。"

我在单行本第 6 页①中已经证明,这种看法是完全不对的,而米尔柏格对此则根本无言可驳。

(2)"必须〈在进行社会改革时〉抓住双角而予以制服的那头牡牛,就是国民经济学自由主义学派所谓的**资本的生产性**,这个东西实际上并不存在,**但是它却以其假想的存在来掩盖压在现代社会身上的一切不平等现象。**"

可见,必须抓住双角而予以制服的那头牡牛"**实际上并不**"存在,因而也就没有"双角"可抓。祸害并不在于它本身,而是在于它的**假想的存在**。虽然如此,"所谓的〈资本的〉生产性却能从土地中变出房屋和城市",而这些东西的存在决不是"假想的"(第12 页)。一个虽然"也很熟悉"马克思的《资本论》,但对资本和劳动之间的关系却这样不可救药地胡言乱语的人,竟然要向德国工人指明一条新的更好的道路,并且还自命为"至少大体明了未来社会建筑结构的建筑师"呢!

没有人比马克思在《资本论》中更加"接近一定的具体的社会状况"了。他用了 25 年工夫来从各方面研究社会状况,而且他的批判工作的结果总是包含有一些现今一般可能实现的所谓解决办法的萌芽。但是朋友米尔柏格不满足于此。这都是抽象的社会主义,死板的抽象的公式。朋友米尔柏格不去研究"一定的具体的

----

① 　见本书第 18—19 页。——编者注

社会状况"，却满足于阅读蒲鲁东的几卷著作，这几卷东西在关于一定的具体的社会状况方面虽然没有给他提供任何东西，可是却给他提供了消除一切社会祸害的明确具体的神奇药方。米尔柏格于是把这个现成的救世计划，把这个蒲鲁东**体系**奉送给德国工人，借口是：他本想"对**体系**说声再见"，而据说我却"选择了相反的道路"！要弄通这一点，我就只得假定我是瞎子，米尔柏格是聋子，我们彼此根本无法沟通。

够了。这场论战即使没有任何其他的用处，无论如何总有一个好处：它表明了这些自命为"实际的"社会主义者们的实践究竟是怎么一回事。这些消除一切社会祸害的实际建议，这些社会的万应灵丹，到处都总是由那些宗派鼻祖们炮制出来，而这些人总是出现在无产阶级运动还处于幼年期的时代。蒲鲁东也是其中之一。无产阶级的发展很快就把这些襁褓扔在一边，并在工人阶级本身中产生一种认识：再没有什么东西比这些预先虚构出来的面面俱到的"实际解决办法"更不切实际的了，相反，实际的社会主义则是对资本主义生产方式各个方面的一种正确的认识。对于具有这种认识的工人阶级说来，要知道在每个具体场合下应该反对哪些社会制度并以何种方式发动主要攻击，这是**永远不会**有困难的。

弗·恩格斯写于 1872 年 5—12 月 　　　　　原文是德文

载于 1872 年 6 月 26 和 29 日，7 月 3 日，　　　选自《马克思恩格斯选集》第 3 版
12 月 25 和 28 日《人民国家报》第 51、　　　第 3 卷第 191—273 页
52、53、103 和 104 号；1873 年 1 月 4
和 8 日，2 月 8、12、19 和 22 日《人民
国家报》第 2、3、12、13、15 和 16 号

注　　释

1 《人民国家报》(Der Volksstaat)是德国社会民主工党(爱森纳赫派)的中央机关报,其前身是《民主周报》。1869 年 10 月 2 日—1876 年 9 月 29 日在莱比锡出版,起初每周出两次,1873 年 7 月起每周出三次;创刊时的副标题是《社会民主工党和工会联合会机关报》,1870 年 7 月 2 日起改为《社会民主工党和国际工会联合会机关报》,1875 年 6 月 11 日起又改为《德国社会主义工人党机关报》;该报反映了德国工人运动中的革命派的观点,因而经常受到政府和警察的迫害。由于编辑常被逮捕,致使该报编辑部成员不断更换,但报纸的领导权始终掌握在威·李卜克内西手里。主持《人民国家报》出版社的奥·倍倍尔在该报中起了很大的作用。马克思和恩格斯从该报创刊起就为它撰稿,经常给编辑部提供帮助和指导,使这家报纸成了 19 世纪 70 年代优秀的工人报刊之一。

　　根据 1875 年哥达代表大会的决定,从 1876 年 10 月 1 日起,开始出版德国社会主义工人党的统一的中央机关报《前进报》,以代替《人民国家报》和《新社会民主党人报》。反社会党人非常法(见注 9)实行以后,《前进报》于 1878 年 10 月 27 日停刊。——3、4、15、35、73。

2 法国在 1870—1871 年普法战争失败后,以阿·梯也尔和茹·法夫尔为一方,奥·俾斯麦为另一方于 1871 年 2 月 26 日在凡尔赛签订了法德初步和约。按照初步和约,法国把阿尔萨斯和洛林东部割让给德国,并于 1871—1873 年向德国缴付 50 亿法郎的赔款;在赔款付清以前,德国军队继续占领法国的部分领土。正式和约于 1871 年 5 月 10 日在美因河畔法兰克福签订。——3、69。

3 指 1873 年世界经济危机。这次危机席卷了奥地利、德国、北美、英国、法国、荷兰、比利时、意大利、俄国和其他国家,具有猛烈而深刻的特点。在德国,这次危机从 1873 年 5 月以"大崩溃"开始,一直延续到 70 年代末。——3。

4 指阿·米尔柏格匿名发表的以《住宅问题》为题的六篇文章,曾载于 1872 年 2 月 3、7、10、14、21 日和 3 月 6 日的《人民国家报》(见注 1)。——4。

5 阿·米尔柏格对恩格斯的文章的答复载于 1872 年 10 月 26 日《人民国家报》(见注 1)第 86 号,标题是《论住宅问题。答弗里德里希·恩格斯》。——4。

6 新马德里联合会是由被巴枯宁分子把持的马德里联合会开除的《解放报》(见注 16)编辑部成员于 1872 年 7 月 8 日成立的。他们被开除的原因是,该报揭露了巴枯宁创建的秘密的社会主义民主同盟在西班牙的活动。保·拉法格积极参加了组建新马德里联合会的工作及其活动。新马德里联合会要求参加西班牙联合会,但遭到拒绝,于是它向国际总委员会提出申请。总委员会于 1872 年 8 月 15 日承认它是国际的一个联合会。新马德里联合会同无政府主义影响进行了坚决斗争,宣传了科学社会主义的思想,为争取在西班牙建立独立的工人政党进行了不懈的努力。恩格斯曾为该联合会的机关报《解放报》撰稿。新马德里联合会的委员们是 1879 年成立的西班牙社会主义工人党的组织者。——5。

7 指蒲鲁东于 1849 年 1 月 31 日尝试成立的人民银行。他打算借助这个银行通过和平的途径实现他的"社会主义",即消灭信贷利息,在生产者获得自己劳动收入的全部等价物的基础上进行没有货币的交换。这个银行在开始正常业务活动之前就于 4 月初宣告关闭。——7、28。

8 讲坛社会主义是 19 世纪 70—90 年代一个资产阶级思想流派。该派的代表人物主要是德国的大学教授,他们在大学的讲坛上宣扬资产阶级改良主义。讲坛社会主义的代表有阿·瓦格纳、古·施穆勒、路·布伦坦诺、卡·毕歇尔、韦·桑巴特等人。他们认为国家是超阶级的组织,鼓吹资产阶级和无产阶级之间的阶级和平,主张不触动资本家的利益,

逐步实行"社会主义"。因此,讲坛社会主义的纲领仅局限于提出一些
社会改良措施,如设立工人疾病和伤亡事故保险等,其目的在于削弱阶
级斗争,消除革命以及社会民主党人的影响,使工人同反动的普鲁士国
家和解。马克思和恩格斯对讲坛社会主义进行了坚持不懈的斗争,揭
露了它反动和反科学的性质。——7。

9　非常法或反社会党人法,即反社会党人非常法,是俾斯麦政府在帝国国
会多数的支持下于 1878 年 10 月 19 日通过并于 10 月 21 日生效的一项
法律,其目的在于反对社会主义运动和工人运动。这项法律将德国社
会民主党置于非法地位,党的一切组织、群众性的工人组织被取缔,社
会主义的和工人的刊物被查禁,社会主义文献被没收,社会民主党人遭
到镇压。但是,社会民主党在马克思和恩格斯的积极帮助下战胜了自
己队伍中右的和"左"的机会主义倾向,得以在非常法生效期间正确地
把地下工作同利用合法机会结合起来,大大加强和扩大了自己在群众
中的影响。在日益壮大的工人运动的压力下,反社会党人非常法于
1890 年 10 月 1 日被废除。——7。

10　指拥有山地、大片沼泽地和荒地的普鲁士莱茵省艾费尔高原区,那里的
土壤和气候条件不宜从事农业生产。力量单薄的小农用落后的农业技
术进行农业生产,导致周期性的歉收和小农贫困的尖锐化。这里指
1882 年艾费尔高原区由于连年歉收和农产品跌价曾闹过饥荒一事。
——8。

11　三十年战争(1618—1648 年)是一次全欧洲范围的战争,由新教徒和天
主教徒之间的斗争引起,是欧洲国家集团之间矛盾尖锐化的结果。德
国是战争的主要场所,是战争参加者进行军事掠夺和侵略的对象。
　　　三十年战争分为四个时期:捷克时期(1618—1624 年)、丹麦时期
(1625—1629 年)、瑞典时期(1630—1635 年)以及法国瑞典时期
(1635—1648 年)。
　　　三十年战争以 1648 年缔结威斯特伐利亚和约而告结束,和约的签
订加深了德国政治上的分裂。——9。

12　教父是公元 2—6 世纪基督教界最早的希腊语和拉丁语作家的泛称,意

为教会父老。他们的著作大都对后世基督教教义和神学有较深影响。教父的最根本的观点是贬低知识和智力,颂扬无条件的信仰,敌视"异教",即非基督教的宗教和哲学,特别是古代的唯物主义。——21。

13　六月起义指 1848 年 6 月巴黎无产阶级的起义。二月革命后,无产阶级要求把革命推向前进,资产阶级共和派政府推行反对无产阶级的政策,6 月 22 日颁布了封闭"国家工场"的挑衅性法令,激起巴黎工人的强烈反抗。6 月 23—26 日,巴黎工人举行了大规模武装起义。经过四天英勇斗争,起义被资产阶级共和派政府残酷镇压下去。马克思论述这次起义时指出:"这是分裂现代社会的两个阶级之间的第一次大规模的战斗。这是保存还是消灭资产阶级制度的斗争。"(见《马克思恩格斯选集》第 3 版第 1 卷第 467 页)——23。

14　埃及的肉锅一词源于圣经,传说被奴役的以色列人逃离埃及,行至旷野,饥饿难忍,于是开始抱怨摩西,说他不应该带领他们离开埃及,因为他们在埃及虽然世代为奴,但毕竟可以围着肉锅吃饱肚子。参看《旧约全书·出埃及记》第 16 章第 1—3 节。——23。

15　劳动交换市场即劳动产品公平交换市场,是由英国各城市的工人合作社创办的。第一个这样的交换市场由罗·欧文于 1832 年 9 月在伦敦创办,一直存在到 1834 年。在劳动产品公平交换市场上,劳动产品用以一小时劳动时间为单位的劳动券进行交换。这种在资本主义商品经济条件下,企图不用货币进行交换,并和平过渡到社会主义的乌托邦做法,很快就遭到失败。——28。

16　《解放报》(La Emancipación)是西班牙的一家工人周报,国际马德里支部的机关报,1871—1873 年在马德里出版;1871 年 9 月—1872 年 4 月是西班牙联合会委员会的机关报;曾同西班牙的无政府主义影响作斗争;1872—1873 年,该报刊登过《共产党宣言》、《哲学的贫困》和《资本论》第一卷的个别章节,以及恩格斯的许多文章;1872 年保·拉法格曾担任报纸的编辑。——29。

17　在 1872 年 7 月 3 日《人民国家报》(见注 1)第 53 号上,上面两段是这样写的:

"我们在上面已经看到:租价即所谓的租金由下述几个部分构成:(1)地租;(2)根本不是利息,而是建筑资本的利润;(3)修缮费、维修费和保险费。资本的利息只是在以房屋作抵押而举债的时候才包括在租金内。

现在就是瞎子也一定明白,'房主自己将第一个求售房屋,否则他的房屋就会没有用处,投在房屋上面的资本也就根本得不到好处了'。当然啦,如果废除了预付资本的利息,那就再也没有一个房主能收得自己房屋的一文租金了,这只是因为房租也可以叫做租金。博士就是博士。"

在1872年《人民国家报》(见注1)出版社出版的恩格斯的著作《论住宅问题》第一篇的单行本中,对"资本的利息只是在以房屋作抵押而举债的时候才包括在租金内"这句话加了下面的注释:

"对于一个购买现成房屋的资本家来说,租价中不是由地租和各项费用构成的那部分可以表现为资本的利息。但是事情本身却并不因此而有丝毫改变,而且对事情本身来说,是房主自己把他的房屋租出去,还是他为了同样的目的把房屋卖给另外一个资本家,反正是完全一样的。"

1887年恩格斯在准备出版这部著作的第二版时,重新校阅了这两段,并做了若干订正。

本书中这两段话的文字是以1887年版为准的。——34。

18 1851年12月2日波拿巴派发动政变,并于1852年12月2日在法国建立了第二帝国(1852—1870年)的波拿巴政体。第二帝国又称十二月帝国。——37。

19 《伦敦新闻画报》(The Illustrated London News)是英国的一家画报,1842年创刊,每周出一次,曾用其他文字出版。

《海陆漫游》(Über Land und Meer)是德国的一家每周出版的画报,1858—1923年在斯图加特出版。

《凉亭。家庭画报》(Die Gartenlaube. Illustriertes Familienblatt)是德国的一家小资产阶级派别的文学周刊,1853—1903年在莱比锡出版,1903—1943年在柏林出版。

《喧声》(Kladderadatsch)是德国的一家讽刺性画刊,1848—1944年在柏林出版。

　　射手奥古斯特·库奇克是 1870—1871 年普法战争时期民族主义士兵歌曲的作者、德国诗人哥·霍夫曼的笔名。——40。

20　关于吉斯移民区的文章,载于 1886 年 7 月 3、24 日《社会主义者报》第 45、48 号。

　　《社会主义者报》(Le Socialiste)是法国的一家周报,1885 年由茹·盖得在巴黎创办,1902 年以前是法国工人党的机关报,后来是法国社会党的机关报;19 世纪 80—90 年代恩格斯曾为该报撰稿。——51。

21　和谐大厦是以罗·欧文为首的英国空想社会主义者 1839 年底在英国汉普郡建立的共产主义移民区的名称。移民区一直存在到 1845 年。——51。

22　《每日新闻》(The Daily News)是英国自由派的报纸,曼彻斯特学派的机关报,工业资产阶级的喉舌;1846 年 1 月 21 日由威·黑尔斯在伦敦创刊,1909 年起同时在伦敦和曼彻斯特出版,1930 年停刊;第一任编辑为查·狄更斯,继任的编辑有约·福斯特、哈·马蒂诺(1852—1866)、亨·约·林肯、总编辑约·鲁宾逊(1868—1901)、编辑阿·加德纳(1902—1919)等;报纸支持自由派的观点,1861 年美国内战爆发后,它是英国报纸中唯一支持北方的报纸;19 世纪 70—80 年代马克思和恩格斯曾为报纸撰稿。——52。

23　指德国资产阶级庸俗经济学家阿·瓦格纳在他的许多著作和演说中说的话。瓦格纳声称,普法战争以后,尤其是由于获得 50 亿法郎的赔款(见注 2),德国市场欣欣向荣,从而极大改善了劳动群众的状况。——69。

24　指德国和奥地利两国皇帝和首相 1871 年 8—9 月在加斯泰因、伊施尔和萨尔茨堡进行的谈判。在谈判过程中也讨论了同国际斗争的问题,双方就反对社会民主党采取共同措施达成一致协议,俾斯麦提出以警察镇压与政府收买相结合的手段来对付工人运动。在这里恩格斯借用普鲁士政治警察头目威·施梯伯的名字把这些会议称做施梯伯会议,以强调其警察的反动性质。——69。

25　《泰晤士周报》(Weekly Times)是英国的一家自由派报纸,1857 年 12 月
　　　起在曼彻斯特出版。——71。

26　宪章运动是 19 世纪 30 — 50 年代中期英国工人的政治运动,其口号是
　　　争取实施人民宪章。人民宪章要求实行普选权并为保障工人享有此项
　　　权利而创造种种条件。宪章派的领导机构是"宪章派全国协会",机关
　　　报是《北极星报》,左翼代表人物是乔·朱·哈尼、厄·琼斯等。宪章运
　　　动在 1839、1842 和 1848 年出现三次高潮,宪章运动领导人试图通过向
　　　下院提交全国请愿书的方式迫使政府接受人民宪章,但均遭到下院否
　　　决。19 世纪 50 年代末,宪章派全国协会停止活动,宪章运动即告结束。
　　　恩格斯称宪章派是"近代第一个工人政党"(见《马克思恩格斯选集》第
　　　3 版第 3 卷第 768 页)。列宁指出,宪章运动是"世界上第一次广泛的、
　　　真正群众性的、政治上已经成型的无产阶级革命运动"(见《列宁全集》
　　　中文第 2 版增订版第 36 卷第 292 页)。——77。

27　指蒲鲁东的著作《19 世纪革命的总观念》1868 年巴黎版。这部著作第
　　　一版于 1851 年在巴黎出版。马克思 1851 年 8 月 8 日给恩格斯的信(见
　　　《马克思恩格斯全集》中文第 2 版第 48 卷)和恩格斯的著作《对蒲鲁东
　　　的〈19 世纪革命的总观念〉一书的批判分析》(见《马克思恩格斯全集》
　　　中文第 1 版第 44 卷),对蒲鲁东的观点进行了批判。——84。

28　英国资产阶级经济学家托·马尔萨斯的《人口原理。人口对社会未来
　　　进步的影响》1798 年在伦敦出版。在这本书中,他提出了自己的人口
　　　论,即人口以几何级数率(1、2、4、8、16……)增长,生活资料以算术级数
　　　率(1、2、3、4、5……)增长,人口的增长超过生活资料的增长是一条"永
　　　恒的自然规律"。他用这一观点来解释资本主义制度下劳动人民遭受
　　　失业、贫困的原因,认为只有通过战争、瘟疫、贫困和罪恶等来抑制人口
　　　的增长,人口与生活资料的数量才能相适应。马尔萨斯的人口论又称
　　　马尔萨斯主义。——87。

29　专区法指普鲁士政府于 1872 年 12 月 13 日为实施"行政改革"而颁布
　　　的《普鲁士、勃兰登堡、波美拉尼亚、波森、西里西亚和萨克森省专区法》
　　　(《普鲁士王国法令汇编》1872 年柏林版第 661 — 714 页)。这项法令宣

布废除地主在农村中的世袭警察权力,允许各地在一定程度上实行自治。可是,这场"改革"的最终目的仍然是巩固国家机构、强化中央集权,以维护容克的利益。经过"改革",容克及其代理人占据了专区和省的大部分行政职位,因此,那些地区的权力实际上依然掌握在他们手中。——89。

30　在与丹麦社会主义者路·皮奥的通信中,担任国际丹麦通讯书记职务的恩格斯得知,丹麦社会主义者在宣传国际关于土地问题的决议方面取得了巨大的成就。恩格斯在1872年3月中旬给皮奥的信中,对一篇论述通过合作社来组织农业生产的文章给予了很高的评价,这篇文章1871年11月4日发表在哥本哈根《社会主义者报》(见注20)上。国际的几乎所有报刊都转载了这篇文章。恩格斯强调指出:"在吸收小农和小租佃者参加无产阶级运动这个非常重要的问题上,丹麦人由于当地的条件和政治上的高度发展,现在走在所有其他民族的前面"(见《马克思恩格斯全集》中文第1版第33卷第429页)。——97。

人名索引

A

阿克罗伊德,爱德华(Ackroyd,Edward)——英国工厂主,辉格党人,议会议员。——54、55。

阿什顿,托马斯(Ashton,Thomas)——英国厂主,自由党人。——54、57。

阿什沃思,亨利(Ashworth,Henry 1794—1880)——英国工厂主,资产阶级政治活动家,自由贸易论者,理·科布顿的拥护者,反谷物法同盟创始人之一;议会议员。——54、57。

B

巴枯宁,米哈伊尔·亚历山大罗维奇(Бакунин,Михаил Александрович 1814—1876)——俄国无政府主义和民粹主义创始人和理论家;1840年起侨居国外,曾参加德国1848—1849年革命;1849年因参与领导德累斯顿起义被判死刑,后改为终身监禁;1851年被引渡给沙皇政府,因禁期间向沙皇写了《忏悔书》;1861年从西伯利亚流放地逃往伦敦;1868年参加第一国际活动后,在国际内部组织秘密团体——社会主义民主同盟,妄图夺取总委员会的领导权;由于进行分裂国际的阴谋活动,1872年在海牙代表大会上被开除出第一国际。——5、75。

贝德福德公爵——见罗素,约翰,贝德福德公爵。

贝列拉,伊萨克(Péreire,Isaac 1806—1880)——法国银行家,20—30年代为圣西门主义者,第二帝国时期为波拿巴主义者,立法团议员;1852年与其兄埃·贝列拉一起创办股份银行动产信用公司;写有信贷方面的著作。——68。

彼得(Peter)——德国柏林市一家机器制造厂的工人。——27。

俾斯麦公爵,奥托(Bismarck〔Bismark〕,Otto Fürst von 1815—1898)——普鲁士和德国国务活动家和外交家,普鲁士容克的代表;曾任驻彼得堡大使(1859—1862)和驻巴黎大使(1862);普鲁士首相(1862—1872 和 1873—1890),北德意志联邦首相(1867—1871)和德意志帝国首相(1871—1890);1870 年发动普法战争,1871 年支持法国资产阶级镇压巴黎公社;主张在普鲁士领导下"自上而下"统一德国;曾采取一系列内政措施,捍卫容克和大资产阶级的联盟;1878 年颁布反社会党人非常法。——54、64、69。

波特兰公爵,威廉·约翰·阿瑟(Portland,William John Arthur,Duke of 生于1857 年)——英国贵族,在伦敦拥有大批房地产。——62。

布朗基,路易·奥古斯特(Blanqui,Louis-Auguste 1805—1881)——法国革命家,空想共产主义者,主张通过密谋性组织用暴力夺取政权和建立革命专政;许多秘密社团和密谋活动的组织者,1830 年七月革命和 1848 年二月革命的参加者,秘密的四季社的领导人,1839 年五月十二日起义的组织者,同年被判处死刑,后改为无期徒刑;1848—1849 年革命时期是法国无产阶级运动的领袖;巴黎 1870 年十月三十一日起义的领导人,巴黎公社时期被反动派囚禁在凡尔赛,曾缺席当选为公社委员;一生中有 36 年在狱中度过。——75。

布雷西希大叔(Onkel Bräsig)——罗伊特的短篇幽默小说中的人物。——87。

D

杜克佩西奥,爱德华(Ducpétiaux,Édouard 1804—1868)——比利时政论家和统计学家,资产阶级慈善家,监狱和慈善设施视察员。——39。

多尔富斯,让(Dollfus,Jean 1800—1887)——法国厂主,经济学家;资产阶级慈善家,米卢斯市长。——29、91。

F

靡菲斯特斐勒司(Mephistopheles〔Mephisto〕)——歌德《浮士德》和卡·谷兹科的剧作《维滕贝格的哈姆雷特》中的主要人物。——94。

孚赫,茹尔(尤利乌斯)(Faucher,Jules [Julius] 1820—1878)——德国政论家和资产阶级庸俗经济学家,青年黑格尔分子;自由贸易的拥护者;1850年为柏林《晚邮报》的创办人和编辑;1850—1861年侨居英国,为《晨星报》的撰稿人,写有关于住宅问题的著作;1851年为《伦敦新闻画报》德文版编辑;1861年回到德国,后为进步党人,1866年起为民族自由党人。——40。

浮士德(Faust)——歌德同名悲剧中的主要人物。——94。

傅立叶,沙尔(Fourier,Charles 1772—1837)——法国空想社会主义者。——50、51。

G

歌德,约翰·沃尔弗冈·冯(Goethe,Johann Wolfgang von 1749—1832)——德国诗人、作家、思想家和博物学家。——94。

格兰特,詹姆斯(Grant,James 1802—1879)——英国新闻工作者和作家,激进派;《晨报》编辑(1850—1871)。——54。

格雷格,罗伯特·海德(Greg,Robert Hyde 1795—1875)——英国大厂主,自由党人,自由贸易的拥护者。——54、57。

格罗夫纳,休·鲁普斯,威斯敏斯特公爵(Grosvenor,Hugh Lupus,Duke of Westminster 1825—1899)——英国政治活动家,自由党人,议会议员;大地主。——62。

H

汉泽曼,大卫·尤斯图斯·路德维希(Hansemann,David Justus Ludwig 1790—1864)——德国政治家和银行家,莱茵省自由派资产阶级的领袖之一;普鲁士制宪议会议员,财政大臣(1848年3—9月)。——43。

黑格尔,乔治·威廉·弗里德里希(Hegel,Georg Wilhelm Friedrich 1770—1831)——德国古典哲学的主要代表。——76、87。

胡贝尔,维克多·艾梅(Huber,Victor Aimé 1800—1869)——德国政论家和文学史家,保守党人;德国基督教社会主义的创始人,《雅努斯》的出版者

（1845—1848）；后为公益建筑协会的领导人和国内布道团成员。——39、
50、51。

霍尔，詹姆斯（Hole，James 1820—1895）——英国资产阶级政治家，罗·欧文
的思想的拥护者，改良主义者，利兹赎买协会创始人之一（1845），1867年起
为伦敦联合商会委托人，写有关于工人阶级居住条件的著作。——39。

霍夫曼，哥特黑尔夫（Hoffmann，Gotthelf 笔名射手奥古斯特·库奇克 Füselier
August Kutschke 1844—1924）——德国诗人，《国民军歌》的作者。——40。

K

克虏伯，阿尔弗勒德（Krupp，Alfred 1812—1887）——德国大工业家，埃森冶
金厂和兵工厂厂主；曾向欧洲许多国家供应枪炮和其他军火。——56。

L

拉法格，保尔（Lafargue，Paul 笔名保尔·洛朗 Paul Laurent 1842—1911）——
法国工人运动和国际工人运动的活动家，医生和政论家；1865年流亡英国，
国际总委员会委员，西班牙通讯书记（1866—1869），曾参加建立国际在法
国的支部（1869—1870）及在西班牙和葡萄牙的支部（1871—1872）；巴黎
公社的支持者（1871），公社失败后逃往西班牙；《解放报》编辑部成员，新马
德里联合会的创建人之一（1872），海牙代表大会（1872）代表，法国工人党
创始人之一（1879）；1882年回到法国，《社会主义者报》编辑；1889年国际
社会主义工人代表大会的组织者之一和代表，1891年国际社会主义工人代
表大会代表；法国众议院议员（1891—1893）；马克思和恩格斯的学生和战
友；马克思女儿劳拉的丈夫。——29。

拉萨尔，斐迪南（Lassalle，Ferdinand 1825—1864）——德国工人运动中的机会
主义代表，1848—1849年革命的参加者；全德工人联合会创始人之一和主
席（1863）；写有古典古代哲学史、法学史和文学方面的著作。——86、87。

雷绍埃尔，亨利希（Reschauer，Heinrich 生于1838年）——奥地利新闻工作者
和作家，自由党人。——91。

李比希男爵，尤斯图斯（Liebig，Justus Freiherr von 1803—1873）——德国化学

家,农业化学的创始人。——92。

罗伯茨,乔治(Roberts,Sir George 1803—1860)——英国历史学家,写有关于英国南部各郡的历史著作。——39。

罗素,约翰,贝德福德公爵(Russell,John,Duke of Bedford 1766—1839)——英国贵族,约·罗素伯爵的父亲。——62。

M

马尔萨斯,托马斯·罗伯特(Malthus,Thomas Robert 1766—1834)——英国经济学家,教士,人口论的主要代表。——87。

马克思-艾威林,爱琳娜(杜西)(Marx-Aveling,Eleanor[Tussy]1855—1898)——英国工人运动和国际工人运动的活动家、政论家、社会民主联盟成员,社会主义同盟创始人之一(1884);曾在恩格斯直接领导下工作,积极参加非熟练工人群众运动的组织工作,1889年伦敦码头工人罢工的组织者之一;1889、1891和1893年国际社会主义工人代表大会代表;马克思的小女儿,爱·艾威林的伴侣(1884年起)。——30。

马歇尔,阿尔弗勒德(Marshall,Alfred 1842—1924)——英国经济学家,曾在牛津大学和剑桥大学任教。——55。

米尔柏格,阿尔图尔(Mülberger,Arthur 1847—1907)——德国医生,小资产阶级政论家,蒲鲁东主义者。——4、73、74、76—80、82—86、89—100。

N

拿破仑第一(拿破仑·波拿巴)(Napoléon I[Napoléon Bonaparte]1769—1821)——法国皇帝(1804—1814和1815)。——41。

拿破仑第三(路易-拿破仑·波拿巴)(Napoléon III[Louis-Napoléon Bona-parte]1808—1873)——法兰西第二共和国总统(1848—1851),法国皇帝(1852—1870),拿破仑第一的侄子。——17、29、41、53、57、63、65、67—70。

O

欧斯曼,若尔日·欧仁(Haussmann,Georges-Eugène 1809—1891)——法国政

治活动家,波拿巴主义者,1851 年十二月二日政变的参加者,塞纳省省长
(1853—1870),曾领导改建巴黎的工作。——17、70。

欧文,罗伯特(Owen, Robert 1771—1858)——英国空想社会主义者。——
50、51。

P

蒲鲁东,皮埃尔·约瑟夫(Proudhon, Pierre-Joseph 1809—1865)——法国政论
家、经济学家和社会学家,小资产阶级思想家,无政府主义理论的创始人,
第二共和国时期是制宪议会议员(1848)。——4—7、15、18—38、42、45、
48、73—76、78—80、83—87、89、91—96、100。

S

萨克斯,埃米尔(Sax, Emil 1845—1927)——奥地利资产阶级经济学家。——
4、39—41、43—58、63—66。

施奈德,欧仁(Schneider, Eugène 1805—1875)——法国大工业家,克勒佐冶金
厂厂主。——56。

施特鲁斯堡,贝特尔·亨利(Strousberg[Stroußberg],Bethel Henry 原名巴鲁
赫·希尔施·施特劳斯堡 Baruch Hirsch Strausberg 1823—1884)——德国
铁路承包商;1855 年以前住在伦敦,以后住在柏林;1875 年破产。——68。

施梯伯,威廉(Stieber, Wilhelm 1818—1882)——普鲁士警官,普鲁士政治警
察局局长(1852—1860),科隆共产党人案件(1852)的策划者之一和主要
原告证人;同卡·维尔穆特合编《19 世纪共产主义者的阴谋》一书;普奥战
争(1866)和普法战争(1870—1871)时期为军事警察局局长,在法国境内
的德国情报机关的首脑。——69。

舒尔采-德里奇,弗兰茨·海尔曼(Schulze-Delitzsch, Franz Hermann 1808—
1883)——德国政治活动家和资产阶级庸俗经济学家,1848 年是普鲁士国
民议会议员,属于中间派左翼;主张在普鲁士领导下"自上而下"统一德国,
民族联盟创始人之一(1859);60 年代是进步党领袖之一,国会议员(1867
年起);曾企图用组织合作社的办法来使工人脱离革命斗争。——60、92。

斯芬克斯(Sphinx)——古希腊神话中半截狮身半截美人的怪物。传说它常向
过路人提出难猜的谜语,谁猜不出,谁就被它吃掉。后来谜底被奥狄浦斯
道破,遂即自杀。今用以隐喻"谜"一样的人物。——48。

斯特拉特,爱德华,贝尔珀男爵(Strutt,Edward,Baron Belper 1801—1880)——
英国政治活动家,自由主义者,议会议员;曾任兰开斯特卿(1852—1854)。
——54、55。

索尔特,泰特斯(Salt,Titus 1803—1876)——英国工厂主。——54。

W

瓦格纳,阿道夫(Wagner,Adolph 1835—1917)——德国资产阶级庸俗经济学
家,讲坛社会主义者,反犹太主义的基督教社会党的创始人(1878),政治经
济学中所谓的社会法学派的代表。——69。

瓦扬,爱德华·玛丽(Vaillant,Édouard-Marie 1840—1915)——法国社会党
人,自然科学家、工程师和医师,布朗基主义者,国际会员,洛桑代表大会
(1867)代表,巴黎公社执行委员会委员,教育委员会委员;1871 年在巴黎被
判处死刑,后逃往伦敦,国际总委员会委员(1871—1872),国际伦敦代表会
议(1871)和海牙代表大会(1872)的参加者;由于代表大会决定将总委员会
迁往纽约而退出国际;1880 年大赦后回到法国;布朗基派革命中央委员会
创建人之一(1881),1884 年起是巴黎市参议院议员,1889 年和 1891 年国
际社会主义工人代表大会代表;法国社会党(工人国际法国支部)(1901)创
建人之一,第一次世界大战期间持社会沙文主义立场。——75。

Y

耶利米(Jeremiah)——圣经中的先知。——22、89。

责任编辑：杜文丽
装帧设计：汪　莹
版式设计：王欢欢
责任校对：陈艳华

图书在版编目（CIP）数据

论住宅问题/恩格斯著;中共中央马克思恩格斯列宁斯大林著作编译局编译. -北京：
　人民出版社,2019.12(2023.12 重印)
（马列主义经典作家文库）
ISBN 978－7－01－018505－7

Ⅰ.①论… Ⅱ.①恩… ②中… Ⅲ.①马列著作-马克思主义 Ⅳ.①A811.26
中国版本图书馆 CIP 数据核字（2017）第 272558 号

书　　　名　论住宅问题
　　　　　　LUN ZHUZHAI WENTI
编 译 者　中共中央马克思恩格斯列宁斯大林著作编译局
出版发行　人民出版社
　　　　　　（北京市东城区隆福寺街 99 号　邮编 100706）
邮购电话　（010）65250042　65289539
经　　销　新华书店
印　　刷　北京新华印刷有限公司
版　　次　2019 年 12 月第 1 版　2023 年 12 月北京第 2 次印刷
开　　本　635 毫米×927 毫米 1/16
印　　张　8.25
插　　页　2
字　　数　93 千字
印　　数　10,001-13,000 册
书　　号　ISBN 978－7－01－018505－7
定　　价　23.00 元